ESSAI SUR LA POLITIQUE DE LA ROUMANIE
CONTEMPORAINE

HISTOIRE D'UNE FICTION

Le Gouvernement des Partis

PAR

GEORGES EM. LAHOVARY

DIRECTEUR DE «L'INDÉPENDANCE ROUMAINE»

Vous voulez lire ce que vous avez toujours pensé vous-même; il faut quelqu'un pour oser le dire.

CARMEN SYLVA.

BUCAREST

IMPRIMERIE DE «L'INDÉPENDANCE ROUMAINE»

1897

HISTOIRE D'UNE FICTION

ESSAI SUR LA POLITIQUE DE LA ROUMANIE
CONTEMPORAINE

HISTOIRE D'UNE FICTION

Le Gouvernement des Partis

PAR

GEORGES EM. LAHOVARY

DIRECTEUR DE «L'INDÉPENDANCE ROUMAINE»

*Vous voulez lire ce que vous
avez toujours pensé vous-même;
il faut quelqu'un pour oser le
dire.*

CARMEN SYLVA.

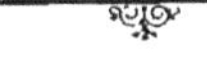

BUCAREST

IMPRIMERIE DE «L'INDÉPENDANCE ROUMAINE»

1897

AVANT-PROPOS

Ce volume est le recueil d'un certain
nombre d'articles parus dans l'*Indépendance
Roumaine* et qui ont été écrits au jour le
jour. La faveur toute particulière avec laquelle ils ont été accueillis par l'opinion impartiale et les violentes protestations qu'ils
ont soulevées dans les cercles où l'on ne
fait que de la politique s'expliquent, sans
doute, par la bonne foi et la franchise avec
lesquelles j'ai traité un sujet, grave et déli-
cat à la fois, qui sort du cadre des polémiques sans lendemain.

Cette question du gouvernement des partis se pose, en effet, à l'heure qu'il est, dans
tous les pays où ce régime fonctionne et
elle domine la vie politique en Roumanie,
car, comme nulle part ailleurs, elle s'y com-
plique d'une fiction grosse de funestes conséquences, inconnues des autres Etats parlementaires.

VIll

Depuis seize ans que je suis mêlé à la
vie politique de mon pays, je me suis rendu
compte de ce qu'elle a d'artificiel et d'anor-
mal et je ne me suis pas fait faute de le
constater plus d'une fois.

On retrouvera donc dans cet essai sur
la politique de la Roumanie contemporaine
des idées que je n'ai cessé de propager, depuis, surtout, que j'ai l'honneur de diriger l'*Indépendance Roumaine*. Aujourd'hui, après m'ê-
tre retiré du Comité exécutif du club conservateur, dégagé de tout préjugé et aussi
de toute discipline de parti, je peux les présenter sous une forme plus catégorique, sans
craindre d'engager d'autres responsabilités
que la mienne.

Les événements du dehors faisaient pré-
voir, au commencement de cette année, des
heures difficiles, et l'éventualité de complica-
tions extérieures nous imposait le devoir pres-
sant de sacrifier nos divisions politiques, imaginaires, dans le fond, pour nous unir dans
une pensée commune. Cette préoccupation
a guidé notre campagne, commencée, d'ailleurs, sous des auspices heureux, après le
rapprochement qui s'était opéré entre nos

partis sur la solution que nous avions proposée dans la question métropolitaine.

Depuis, une douloureuse épreuve à remué l'âme roumaine et a fait apparaître aux yeux de tous, dans une saisissante réalité, les graves périls qu'implique notre politique parlementaire.

La Providence a exaucé les prières de tout un peuple. S. A. R. le Prince de Roumanie a miraculeusement échappé au mal qui l'avait étreint.

Mais qui de nous n'a pas pensé avec épouvante à la terrible éventualité où ce pays, que nous aimons pourtant tous d'un égal amour, sinon avec un égal discernement, pourrait se trouver sous le sceptre d'un enfant, gouverné par des hommes de parti, déchiré par des passions d'autant plus vives et souvent cruelles qu'elles découlent de tout un système fait de fictions, sous lesquelles se dissimulent d'âpres appétits !

Puisse cette triste leçon des choses nous guérir de notre malheureux penchant à tout sacrifier aux mots.

Ils sont déjà nombreux ceux que la tyrannie des formules creuses révolte et qui ne perdent pas la perception de l'avenir, au milieu des ressentiments et des préoccupations du moment. Leur nombre s'accroîtra encore par suite des désillusions que sème une politique sans grandeur. Il dépendra d'eux d'y mettre un terme en affirmant leurs convictions et en unissant leurs efforts.

A ceux-là je dédie l'*Histoire d'une Fiction*.

GEORGES EM. LAHOVARY.

Bucarest, Mai 1897.

LETTRE à M. LASCAR CATARGI

M. Georges Em. Lahovary a adressé à M. Lascar Catargi, président du Comité exécutif du parti conservateur, la lettre suivante:

Bucarest, 23 janvier (4 février) 1897

Mon cher et vénéré Président,

Lorsque, à la retraite du cabinet présidé par vous, le parti conservateur m'a élu dans son Comité exécutif, j'ai considéré cet honneur comme s'adressant à un membre dévoué du parti autant qu'à L'Indépendance Roumaine, *que je dirige.*

Mais je me rends compte aujourd'hui que ce mandat pourrait gêner, à un moment donné, mon action de directeur d'un journal indépendant, qui ne peut conserver son autorité qu'en disant tout haut ce qui est dans le sentiment de tous.

Aussi, à la veille de commencer, de bonne foi et sans passion, une campagne que je juge utile à mon pays, d'une portée plus élevée que la polémique de tous les jours, je me crois obligé, par un sentiment de délicatesse que tout le monde approuvera, de prévenir l'équivoque à laquelle pourrait donner lieu ma présence au sein du Comité exécutif.

XII

Je vous prie donc, mon cher et vénéré Président, d'accepter ma démission. Il sera ainsi bien établi que la critique générale que je vais entreprendre de notre régime parlementaire et les solutions que je proposerai, sans envisager un résultat immédiat, n'engagent que ma personne et mon journal.

Je n'en resterai pas moins, comme par le passé, un soldat dévoué de l'idée conservatrice et je crois que, hors de votre Comité, disposant de toute ma liberté d'action, je servirai mieux la cause du parti conservateur.

Veuillez agréer, mon cher et vénéré Président, l'assurance de ma haute considération.

GEORGES EM. LAHOVARY.

HISTOIRE D'UNE FICTION

ESSAI SUR LA POLITIQUE ROUMAINE
CONTEMPORAINE

INTRODUCTION

Il n'est pas en Roumanie un seul homme politique qui ne soit profondément désillusionné du résultat de nos trente années de régime parlementaire.

Jean Bratiano a dit toute sa déception dans ce cri du cœur, resté célèbre : «J'ai toléré des crimes et des assassinats».

Mais il ne s'est attaché qu'à un côté du mal, car celui-ci est bien plus étendu.

Il nous a suffi, cependant, de signaler quelques-uns des inconvénients de notre régime parlementaire pour qu'une feuille libérale dénonçât «cette glorification hypocrite du coup d'Etat» et déclarât que «le parti libéral sera toujours prêt, comme une sentinelle irréductible, à défendre le patrimoine national contre les traîtres qui songeraient à y porter une main sacrilège».

Voilà de bien grands mots, pour le moins hors de saison.

Non, nous ne préconisons pas le coup d'Etat.

Ce que nous voudrions, c'est simplement que nos deux grands partis tombassent d'accord pour mettre la comptabilité constitutionnelle à jour. La Constitution devrait être le budget des forces politiques de la nation qu'elle est appelée à régir. Ce budget, chez nous, a été établi, il y a trente ans, sur des évaluations trop optimistes, qui ne se sont pas réalisées. L'expérience a prouvé qu'il faut les réduire. Point n'est besoin pour cela de violenter la conscience publique. On répondrait, au contraire, à son vœu en mettant de l'ordre dans les écritures.

Faut-il désespérer de voir les conservateurs et les libéraux se retrouver dans cette tâche commune tendant à l'assainissement de notre vie publique?

L'accueil si peu engageant que nous fait notre confrère serait de nature à nous décourager. Mais les hauts cris qu'il pousse sonnent faux, qu'il nous permette de le lui dire. Pendant les premières années du règne actuel, de semblables protestations exprimaient réellement un état d'esprit. Aujourd'hui, elles répondent seulement à une habitude de style qui s'est survécue. Les libéraux ne sont plus dominés par le préjugé libéral; ce sont, avant tout, des hommes de gouvernement. D'autre part, sans être devenus précisément des agneaux, ils ne se présentent plus comme les prophètes inspirés d'une religion à eux seuls révélée et qui cherche à s'implanter par le feu et le sang. Les responsabilités du pouvoir les ont rendus plus sages et un peu plus conciliants.

Nous n'en voulons pour preuve que la démarche faite auprès de M. Catargi par le chef du gouvernement libéral dans la question métropolitaine. Et cette initiative a été fort louée par l'organe attitré du ministère, qui exprimait l'espoir que le rapprochement des deux grands partis se renouvellerait chaque fois que les intérêts du pays exigeraient la collaboration de tous.

Nous supposons que les conservateurs, de leur côté, à l'exception de M. Carp, ne sont pas non plus enchantés de ce qui est. Et alors quelle tâche plus patriotique pourrait solliciter à un titre aussi impérieux le concours de tous les enfants du pays que l'œuvre qui consisterait à rétablir l'équilibre moral entre le peuple et ses institutions?

On ne ferait, du reste, aucun pas en arrière; on mettrait la forme d'accord avec le fond, sans dépouiller le citoyen d'aucun des droits dont il use réellement. En d'autres termes, le tout se bornerait au sacrifice de quelques apparences, séduisantes mais trompeuses, dont nous avons eu jusqu'à ce jour la superstition.

Qu'avons-nous gagné, en réalité, à cette proclamation de principes inscrite dans l'art. 31 de la Constitution, qui dit que «tous les pouvoirs émanent de la nation»? Non seulement nous n'en avons tiré aucun avantage, mais cette disposition fantaisiste, qui reproduit la fameuse formule «le Roi règne et ne gouverne pas», est une source de démoralisation et de faiblesse, ainsi que nous espérons l'établir dans une série d'articles dont celui-ci n'est que la préface.

Nous aimerions mieux l'art. 14 de la Convention de Paris, qui porte que le «*Prince gouverne avec le concours des ministres nommés par lui*». Il est plus vrai et plus honnête. Il ne nous obligerait pas à masquer la réalité sous les dehors d'un parlementarisme fictif qui trouble le développement moral de ce pays.

En effet, quand le Souverain nommera des ministres et non plus un ministère, la clientèle politique, qui est la plaie la plus affreuse de notre organisation actuelle, disparaîtra; les partis ne seront plus obligés d'avoir ni leur «peuple» — le «peuple conservateur» et le «peuple libéral» — ni leurs «citoyens indignés» pour remplir les salles de réunions et pour acclamer les chefs; les lois ne seront plus votées sous l'influence des préoccupations de coterie, l'administration pourra être élevée peu à peu à la hauteur d'une magistrature, comme l'a dit un ancien ministre; la justice ne sera plus un instrument d'oppression; enfin, la politique de club ne fera plus de ravages dans l'Eglise, dans l'école comme dans l'armée. L'atmosphère sera plus saine, plus morale et plus propice à un labeur harmonieux de la nation.

Le sacrifice qu'on ferait serait si insignifiant et le résultat si grand, que nous nous demandons comment les hommes de sens, qui ne manquent pourtant pas dans ce pays, n'ont pas encore songé à accomplir cette œuvre si bienfaisante? Mais ce qu'on n'a pas encore fait, on le fera; c'est la force des choses qui le veut.

Quoi qu'il en soit, nous entreprenons notre campagne avec la certitude d'accomplir un devoir de bons patriotes. Nous aimons trop ce pays, nous croyons trop aux heureuses destinées réservées à cette race, dans laquelle le génie latin s'allie à la vigueur d'un peuple en plein épanouissement, pour que nous reculions devant de vaines protestations quand il s'agit de combattre les obstacles qui s'opposent à sa marche en avant.

Et, du reste, est-ce faire œuvre de réaction que d'appeler les choses par leur nom? C'est à cela, pourtant, que nous nous bornerons. Nous ne voulons pas partir en guerre contre la liberté, ce qui serait, au surplus, ridicule, car la liberté est aujourd'hui la règle immuable de toute société humaine, en tant qu'elle protège l'homme dans le développement et l'exercice de ses facultés, ainsi que dans le résultat de son travail. Mais nous nous attacherons à mettre en évidence la fiction qui se trouve à la base de notre système actuel, comme le mal qui en découle, et nous préciserons notre modeste opinion sur les moyens d'y remédier, moyens que nous venons d'indiquer d'une façon fugitive dans cette page.

I

LE RÉGIME PARLEMENTAIRE

C'est la Convention de Paris qui, dans un sincère désir de relever les Principautés danubiennes, a donné à la Roumanie une organisation d'Etat politique et y a réglementé le régime représentatif. La plupart des dispositions essentielles de cet acte se retrouvent dans la Constitution en vigueur, sauf l'art. 14, qui porte que l'*Hospodar gouverne avec le concours des ministres nommés par lui.*

Nos constituants de 1866 se sont rappelé la formule «le roi règne et ne gouverne pas», un simple mot qui a eu une fortune imméritée, et ils ont remplacé l'art. 14 par l'art. 32, ainsi libellé :

Art. 32 (31 de la Constitution actuelle). Tous les pouvoirs de l'Etat émanent de la nation, qui ne peut les exercer que par délégation et d'après les principes et les règles établies par la présente Constitution.

La grande réforme démocratique était ainsi réalisée. Elle dominera toute notre vie publique. Nous vivrons désormais sous le régime du *cabinet*, création anglaise naturalisée en France, en Italie, en Belgique, en Espagne, etc. Le chef de l'Etat sera réduit à un rôle de figurant; il ne pourra même pas choisir ses conseillers à sa guise; ceux-ci lui seront imposés par la volonté du peuple, exprimée par les majorités parlementaires; la nation gouvernera, légiférera, administrera et rendra justice par ses délégués. Ce sera le contraire du système allemand, dans lequel le Parlement légifère et contrôle, mais ne gouverne pas.

Cette conquête du libéralisme sur le despotisme du passé devait marquer une ère de justice et de félicités universelles.

La pratique a malheureusement prouvé que l'on s'était bercé d'illusions. Le parlementarisme a failli à ses promesses.

Si, dans les pays que nous venons de nommer, on est beaucoup revenu de l'engouement qui s'était emparé, vers le milieu de ce siècle, de tous les esprits pour cette forme de gouvernement, en Roumanie, disons-le sans ambages, l'institution parlementaire est une *fiction malfaisante*.

Et il ne saurait en être autrement quand cette institution est entachée de deux vices rédhibitoires: le manque d'une opinion publique et la pénurie d'individualités marquantes.

Sur une population d'un peu plus de cinq millions d'âmes, nous avons plus de quatre millions de paysans, dont la plupart ne savent ni lire ni écrire. Dans les villes mêmes, le nombre des illettrés est également considérable. Comment ces hommes pourraient-ils avoir une opinion sur les problèmes politiques, économiques ou sociaux que le Parlement est appelé à résoudre? Comment, en outre, pourraient-ils effectivement gouverner? Il est absolument nécessaire que l'Etat dirige d'une main sûre ces électeurs mineurs, car il est impossible qu'il accepte d'être dirigé par eux. Voilà le premier côté chimérique de la théorie de la volonté nationale.

Mais le corps électoral n'est pas seulement incapable, il est, en outre, immoral et servile.

La grande majorité des électeurs a les yeux tournés vers l'administration, dispensatrice de toutes les faveurs. Cet instinct de gouvernementalisme est plus intense à mesure que l'on descend plus bas, il grandit à mesure que diminue le cens électoral.

Sous le régime de la loi de 1866, on trouvait encore quelque indépendance au premier collège, composé de grands propriétaires ruraux, ayant un cens beaucoup plus élevé qu'aujourd'hui. Mais le parti libéral, soit pour se concilier la fraction avancée, conduite par C. A. Rosetti, qui demandait le suffrage universel, soit pour briser la résistance relative des électeurs et s'éterniser ainsi au pouvoir, a élargi les collèges électoraux, de sorte que les éléments indépendants furent réduits à l'impuissance. Une plus grande extension de la liberté a eu pour effet, — un effet voulu, peut-être, — une plus grande servilité.

Bref, à l'heure actuelle, le corps électoral, dans sa généralité, est si docile, si peu courageux et si susceptible de toute pression morale ou matérielle, qu'un gouvernement ne tombe jamais par les élections. Chose triste à constater, même les électeurs instruits et conscients de leurs droits ont rarement le courage d'affirmer leurs opinions et leurs préférences. L'opportunisme l'emporte chez la plupart d'entre eux. Les citoyens les plus courageux sont ce qu'on appelle les *bataushi* (les gourdineurs), qui émargent au budget des clubs ou à celui de l'Etat quand le parti au service duquel ils mettent l'influence de leurs gourdins se trouve au pouvoir.

Il faut des circonstances tout à fait exceptionnelles, il faut que le gouvernement perde toute retenue, qu'il commette des crimes pour que le corps électoral se réveille un peu. Mais la pression administrative augmente dans la même proportion et alors tout ce que les électeurs peuvent faire, dans un suprême effort, c'est d'envoyer à la Chambre une minorité de cinquante à soixante membres, chiffre qui représente environ le tiers du nombre total des députés. Encore est-il nécessaire que tous les groupes d'opposition se coalisent pour obtenir un aussi brillant résultat. Retenons cette proportion; elle nous donne la mesure de la force de résistance des électeurs.

Donc, quand l'opposition réussit à conquérir environ le tiers des sièges de la Chambre basse, c'est que le gouvernement est réellement odieux à tout le monde.

Cependant, d'après la fiction parlementaire, il

continue à être l'expression du pays, puisqu'il dispose au Parlement d'une majorité de plus des deux tiers. Alors, la minorité descend dans la rue, sous prétexte d'organiser des réunions publiques. Ces braves *bataushi* — que deviendrait-on sans eux? — sont les maîtres des cérémonies et aussi les boute-en-train de ces assises populaires. Après chaque meeting il y a procession. C'est la résidence royale qui est l'objectif de ces manifestations.

Les libéraux, plus hardis et plus pressés que les conservateurs, n'attendent même pas d'avoir cinquante députés à la Chambre pour commencer cette agitation, destinée à éclairer la religion du Souverain, par amour de la dynastie et du pays.

Jusqu'à ce jour, cette tactique a toujours été couronnée de succès. Cependant, les conditions dans lesquelles s'est accompli le dernier changement de régime semblent indiquer qu'à l'avenir le Roi préviendra ces manifestations soi-disant dynastiques en changeant son ministère après chaque législature, quelle que soit la situation parlementaire de ce dernier. Ce nouveau système aura encore l'avantage d'empêcher la décomposition du parti qui est à la tête des affaires.

Si l'on ajoute à cela la pratique déjà établie et suivant laquelle le Souverain prend son premier ministre dans une chambre de la cour de cassation ou dans la salle du théâtre Hugo, lorsque l'opposition s'est retirée du Parlement, on aura l'image à peu près complète de notre parlementarisme, ce palladium de la nation, ce «patrimoine national», pour lequel d'aucuns se disent prêts à verser la dernière goutte de leur sang et que le chef des junimistes recommande à la sollicitude du peuple roumain.

Telle est, pourtant, la situation que créent l'incapacité, la mollesse et l'immoralité du corps électoral.

Nous n'avons du régime parlementaire que la forme et les inconvénients; au fond, nous nous trouvons encore sous l'empire de la Convention de Paris, à cette différence essentielle près que le gouvernement des partis, bien que fictif dans son principe, a assez de pouvoir, ainsi que nous le montrerons plus loin, pour mettre le chef de l'Etat dans l'impossibilité d'empêcher le mal et de faire le bien. Le pays doit cependant se féliciter d'avoir sur le trône un Roi énergique et perspicace, qui sait dominer les situations parfois inextricables résultant de la mise en pratique d'un système profondément fallacieux.

Mais ce n'est pas tout. A l'absence d'un corps électoral éclairé et digne, circonstance qui fausse de fond en comble notre vie publique, vient s'ajouter cette autre cause de perturbation: la pénurie d'individualités politiques de taille à porter la cuirasse parlementaire.

Le régime parlementaire a été comparé à Saturne dévorant ses propres enfants. La vérité est qu'il fait une énorme consommation d'hommes, à telle enseigne que ceux-ci commencent à manquer dans les pays mêmes qui ont derrière eux une civilisation séculaire. Si bien que ce régime, qui devait marquer le règne de l'aristocratie de l'intelligence, a abouti, en réalité, un peu partout, au règne de la médiocrité.

Chez nous, cette pénurie d'hommes se fait plus vivement sentir qu'ailleurs. Nous reviendrons plus loin sur ce sujet. Constatons seulement que le nombre des sujets distingués est très restreint, les autres sont des hommes médiocres, dépourvus de talent, de savoir et de convictions nettes; ils forment la *zestra guvernamentală* (la dot de tous les gouvernements) et gravitent autour de tous les soleils. Les astres changent, mais les satellites restent, car dans le monde politique les attractions ne sont point éternelles.

Il est heureux, du reste, dans ces conditions, que la docilité corrige l'insuffisance de nos parlementaires et que la représentation nationale ne serve qu'à masquer l'hégémonie de quelques-uns.

La situation serait intolérable s'il en était autrement.

II

UNE CONSTITUTION PRÉMATURÉE

Nous avons résumé notre opinion sur le parlementarisme roumain en l'appelant une *fiction malfaisante*. Il nous faut insister longuement sur cette proposition.

Mais, tout d'abord, une remarque générale.

Lorsque les pays d'Occident adoptaient la forme parlementaire, c'est-à-dire le gouvernement du peuple par le peuple, ils avaient derrière eux un long passé de labeur fécond et glorieux. La pensée humaine n'a pas chômé sous les anciens régimes. On pérorait moins, certes, mais on travaillait davantage et l'on se permettait souvent d'avoir du génie.

D'autre part, et ceci est plus important encore, la société y était déjà assise dans sa forme définitive — autant que la stabilité est des choses de ce monde — sur des bases résultant d'un long travail accompli à travers les siècles. En dehors de l'éducation morale, qui implique le sentiment, on pourrait dire la religion du devoir et de l'honnêteté, on y trouvait des traditions qui donnaient à chaque famille sa physionomie particulière et déterminaient, plus ou moins, la vocation de ses membres. Des aptitudes et des occupations transmises et cultivées de père en fils avaient formé dans chaque maison comme un honneur professionnel, qui était pour elle un patrimoine sacré. Telles les carrières des armes, de la robe, du professorat, du commerce, de l'industrie, etc. Enfin, l'Etat aussi avait ses traditions, qui réglaient son fonctionnement. Cependant, malgré ces garanties puissantes, toutes ces nations n'ont pu se soustraire au trouble engendré par la politique des partis.

Mais que dire de la Roumanie? Elle n'avait point de traditions, car le sort n'a pas été clément pour ce petit peuple latin rejeté aux bouches du Danube. Toujours sur le qui-vive, ballotté par le caprice des événements, la nécessité dans laquelle il s'est constamment trouvé de défendre son territoire lui avait à peine laissé le temps de cultiver son lopin de terre.

Sans passé, au début de son histoire, non familiarisé encore avec la liberté, le peuple roumain a été lancé soudain dans le tourbillon des passions politiques.

Le Prince Charles s'exprimait ainsi à ce sujet, dans sa lettre du 10/22 décembre 1870, à l'*Allgemeine Augsburger Zeitung*: «Ce malheureux pays, disait-il, se trouve passer sans transition d'un régime despotique à une Constitution tellement libérale qu'aucun peuple ne possède sa pareille en Europe». «Après l'expérience faite», ajoutait le Prince Charles, «je tiens cela pour un malheur d'autant plus grand, que les Roumains ne peuvent se flatter de posséder aucune des vertus civiques qui appartiennent à cette sorte de Constitution quasi-républicaine.»

On comprend, dans ces conditions, que la nouvelle forme de gouvernement ait produit une catégorie d'inconvénients spéciale à la Roumanie.

L'absorption par la politique de toutes les énergies et de presque tous les talents n'est pas un des moindres maux à signaler.

Il faut bien nous l'avouer, cette seconde moitié de siècle, qui marque pourtant l'époque de notre renaissance, se signale par une stérilité presque complète dans le domaine de l'esprit. Faut-il l'attribuer à l'impuissance intellectuelle de ce peuple? Il est plus vrai d'en chercher la cause dans la toute puissance de la politique, car dans aucun pays du monde les intérêts de toutes les classes sociales ne s'y rattachent autant que chez nous.

C'est elle qui fait ou brise les carrières, qui appauvrit ou enrichit, élève la médiocrité ou abaisse le mérite, qui donne les galons ou les arrache. On la retrouve partout: dans la chaire du professeur, sur l'autel de l'église, sous la robe du magistrat, sous l'épaulette de l'officier, dans le compas de l'ingénieur, dans les méditations de l'homme de science, sous la plume de l'homme de lettres.

Chaque régime n'a pas seulement ses ministres et ses fonctionnaires, il a aussi ses généraux, ses magistrats, ses savants, ses lettrés et, hélas! même ses évêques et ses métropolitains. Le contrôle de l'opinion publique et le contrepoids des traditions manquant, le parti appelé par la faveur du Souverain au pouvoir se croit tout permis et il peut tout faire; de là une perturbation profonde, un instabilité générale qui déconcertent tout labeur sérieux et encouragent tous les mauvais instincts.

Il est inutile, en effet, de travailler, de se distinguer, puisqu'il suffit de s'attacher tour à tour à la fortune des hommes politiques pour obtenir tous les avancements et tous les honneurs.

D'ailleurs, vu la carrière facile qu'offre la politique, il y a tout profit à la préférer à toutes les autres. Donc, dès qu'on se sent ou l'on se croit un peu d'intelligence et de talent, on étudie le droit, non pas pour l'apprendre, mais pour obtenir le diplôme de licencié. Ils sont rares ceux qui vont jusqu'au doctorat. Une fois en possession de ce précieux parchemin, le jeune licencié s'inscrit au barreau et se met à faire la cour à un homme politique influent et même à plusieurs, appartenant à des partis différents, ce qui est d'une sage prévoyance. Cet homme de vingt-et-un à vingt-deux ans ne pensera plus et ne travaillera plus; toute sa préoccupation sera d'arriver très vite et très loin. Il s'attachera à saisir de front l'occasion, car il sait déjà qu'elle est chauve par derrière et qu'il est inutile de courir après, une fois qu'elle nous a tourné le dos. S'il a un peu de chance, les hasards absurdes de la politique feront de lui un grand personnage, un ministre, peut-être; si non, il ira grossir les rangs de ceux qu'on peut appeler

«les hommes d'un homme», et il y trouvera toujours son compte.

Cet esprit d'opportunisme aura tué en lui tout
élan, toute dignité et toute pensée sincère. Sceptique
avant l'âge, rien ne l'émeut ni le rebute; il défendra
les causes les plus contradictoires avec une égale
absence de conviction.

Ajoutez à cela notre nature orientale, qui nous
porte à une conception facile de la vie, au mépris
des principes et à une morale complaisante, et vous
vous rendrez compte de tout le mal produit par la
politique de parti faite par ces licenciés en droit.

Il faudrait à ce pays un pouvoir moralisateur
pour le conduire; au lieu de cela, nous avons tour
à tour à sa tête une association passagère à l'esprit plus ou moins avocassier, qui exploite ses vices
dans un intérêt de coterie. Combien nous sommes
loin de compte!

Un pareil milieu, on en conviendra, n'est point
favorable à la floraison de la pensée, au développement moral et intellectuel de l'individu.

Nous nous rendons parfaitement compte qu'il
faut laisser le temps accomplir son œuvre. Nous
croyons cependant que sans la perturbation causée par la politique notre société se développerait
d'une façon plus harmonieuse, les vocations sui-
vraient leurs voies naturelles, le sens moral se con-
soliderait plus vite; chacun, restant à sa place, tra-
vaillerait un peu plus, ayant moins à attendre de
la faveur des uns et des autres et, dans tous les

cas, les énergies qui se dépensent actuellement en luttes stériles trouveraient un emploi plus fécond.

En résumé, la politique parlementaire est prématurée en Roumanie. Elle est un luxe que seuls les grands peuples bien outillés moralement, intellectuellement et économiquement peuvent à peine se permettre. Les peuples encore non formés, en l'adoptant trop tôt, s'exposent à de graves dangers; ils y risquent, parfois, leur avenir même.

III

LE ROI ET LE PARLEMENT

La fiction parlementaire est assez forte, disions-nous plus haut, pour rendre la Couronne impuissante à empêcher le mal ou à faire le bien. Il convient d'ajouter qu'elle est contraire au prestige du Trône. Mais tous ces points méritent d'être développés plus longuement.

Les adeptes de la forme parlementaire ont fait valoir en faveur de l'adoption du système du *cabinet* cette raison que le Souverain serait placé au-dessus des partis, qu'il planerait dans une sphère sereine, soustraite aux passions du moment. Les ministres étant seuls responsables devant le Parlement et exprimant toujours l'opinion de la majorité, la lutte se livrerait entre eux et leurs adversaires, sans que les attaques puissent jamais atteindre la Couronne, qui formerait ainsi l'objet d'un culte universel.

On sait à quoi s'en tenir actuellement, un peu partout, sur la valeur de cette théorie.

Il est à remarquer, en effet, que dans les pays parlementaires, sauf la Grande-Bretagne, où les traditions et la foi ont conservé tout leur empire, le principe monarchique se trouve très affaibli, s'il n'est pas sacrifié, comme en France.

En Espagne, en Belgique et même en Italie, l'idée dynastique a bien moins pénétré dans les consciences qu'en Allemagne et en Autriche, où, tout en pratiquant le régime constitutionnel et représentatif, on répudie celui du parlementarisme anglais. Ces deux nations ne s'en portent pas plus mal pour cela, au contraire. On sourit aujourd'hui en lisant certains auteurs, et des plus connus, qui proposaient cette dernière forme de gouvernement à la Confédération germanique comme un bouclier pour ses princes et ses rois !

En Roumanie, c'est d'elle que nous nous occupons ici en premier lieu, l'expérience a également été concluante. La doctrine parlementaire a fait banqueroute, sous ce rapport aussi, car les luttes des partis ne visent pas seulement le cabinet, mais toujours plus haut.

Le chef de l'Etat a été, pendant très longtemps, en butte aux attaques les plus véhémentes de la presse d'un parti, une presse licencieuse, par suite de l'irresponsabilité de fait qui lui était assurée. Elle ne respectait rien, pas même le foyer conjugal du couple princier. Depuis, le procédé est devenu moins brutal, mais où sont les hommes politiques et les journaux — l'*Indépendance Roumaine* y comprise — qui, ayant fait réellement de l'opposition, n'aient pas subi la violence des situations et soient restés toujours dans les limites de la fic-

tion suivant laquelle le Roi règne et ne gouverne pas ?
M. Carp lui-même collaborait à une feuille anti-
dynastique «perfide», selon l'expression du Prince
Antoine de Hohenzollern, à l'époque lointaine où il
faisait encore de l'opposition.

Rien, d'ailleurs, ne dément plus énergiquement
la théorie parlementaire que cette croyance généralement admise et suivant laquelle les manifestations devant la résidence royale forment la première étape dans la voie qui conduit au pouvoir.

·Ce système d'intimidation n'est certainement pas
fait pour affermir le Trône dans la conscience du
peuple et cela est d'autant plus déplorable que le
sentiment dynastique a constamment été battu en
brèche sur ce coin de terre où les princes n'ont
pas joui de plus de stabilité que n'en jouissent aujourd'hui les préfets des districts.

Mais voici un autre inconvénient, peut-être plus
grave encore.

Puisque ni les Chambres ni le corps électoral
ne sont capables de renverser un gouvernement,
le Souverain, à défaut de toute indication parlementaire ou électorale, est réduit à être lui-même
juge du moment où il convient de changer de
régime. Ce moment une fois indiqué par le doigt
du Roi, le ministère en fonction se retire de bon
gré, par patriotisme, ou parce qu'il se sent «fati-
gué». Sa Majesté appelle alors M. Stourdza, par
exemple, et le charge de la formation du nouveau

cabinet. M. Stourdza accepte avec empressement ce don royal et le voilà installé au pouvoir.

Aurons-nous un gouvernement personnel? Ce serait logique, du moment que c'est le Roi qui l'a nommé de sa propre autorité et en dehors de toute manifestation légale des Chambres ou du pays.

Eh bien, non! la fiction parlementaire intervient à temps pour interrompre la logique des choses. C'est que le Souverain n'a pas nommé un ou huit ministres, mais bien un président du conseil, un ministère, émanation d'un parti, et ce parti a sa politique, je veux dire ses rancunes et ses préférences, ses ennemis et ses favoris. Rien de ce qu'a fait le gouvernement précédent, qui, ne l'oublions pas, devait également son existence à l'initiative personnelle du Roi, ne trouvera grâce à ses yeux, les nominations, notamment, car la politique se résume dans la curée des places. Il ne respectera même pas les droits acquis des fonctions inamovibles. Il poussera l'esprit de parti jusqu'à désigner au Roi qui, de par la Constitution, est le chef suprême de l'armée, ses propres auxiliaires, tels que le ministre de la guerre, les commandants de corps et le chef de l'état-major! Le Souverain hésitera d'abord, mais, finalement, il cèdera, car le Roi règne et ne gouverne pas.

Donc, sous la pression d'un ministère, au fond, personnel, il s'infligera un démenti à lui-même en signant un décret annulant un autre décret antérieur qu'il avait également signé sur la proposition d'un ministre que le Parlement ne lui avait pas non plus imposé. Il en est de même des lois qu'un parti fait voter et promulguer et qu'un autre fait abolir.

Ces éternelles contradictions nuisent, évidemment, au crédit de la Couronne, car le bon sens public ne comprend pas comment un chef d'Etat, qui, sur les sollicitations alternatives des partis, est obligé de sortir périodiquement de la pratique parlementaire pour se faire l'unique dispensateur du pouvoir, redevient tout à coup un roi sans volonté et se soumet aux fantaisies souvent malfaisantes d'un gouvernement dont il est l'initiateur.

C'est là un mal tout particulier au parlementarisme roumain.

Et maintenant, raisonnons un peu.

Tout d'abord, du moment où le Roi nomme les ministres, pourquoi limiter son choix dans les cadres d'un parti? Pourquoi, s'il désigne M. Stourdza comme président du conseil, doit-il subir à côté de lui M. X., que rien ne désigne aux fonctions ministérielles, si ce n'est son attachement à M. Stourdza? Pourquoi n'aurions-nous pas un gouvernement dans lequel entreraient les hommes les plus marquants de la politique, au lieu de voir, presque toujours, au moins quatre départements sur huit détenus par des non-valeurs, des bouche-trous? Nos hommes politiques se mettraient parfaitement d'accord sur les principes, car ce sont les principes qui les divisent le moins, ainsi que nous le ferons ressortir dans des chapitres spéciaux consacrés aux partis et à la domination des clubs.

En second lieu, cet exclusivisme de parti a quelque chose de choquant et d'injuste.

Comment! On supplie le Souverain de se substituer aux Chambres dans une de leurs fonctions essentielles, celle de désigner les ministres, et, une fois ceux-ci nommés par lui, ils deviennent les maîtres de la situation et ne répondent plus de leurs actes que devant le Parlement, c'est-à-dire devant euxmêmes, car ce Parlement fictif n'est, en réalité, qu'un bureau d'enregistrement! Ce n'est pas seulement injuste, c'est aussi indélicat. Tartufe n'agirait pas autrement: «La maison est à moi, c'est à vous d'en sortir!»

Ne serait-il pas plus honorable de mettre le droit d'accord avec le fait? En rentrant dans la vérité, on épargnerait à la Couronne de pénibles contradictions, incompatibles avec son autorité, les haines de parti seraient paralysées et le **pays** gagnerait l'unité d'action et la stabilité qui lui font défaut aujourd'hui, à son plus grand détriment. Déjà la direction des affaires étrangères est considérée comme l'apanage exclusif du Trône. Il s'agirait de faire encore un pas en avant et d'adopter la même règle pour la direction des affaires intérieures, qui ne sont pas moins dignes de notre sollicitude à tous.

Mais nous prévoyons une objection. Il faut envisager le cas, dira-t-on, où le souverain — il ne s'agit pas de celui d'aujourd'hui ni de celui de demain — pourrait faire un mauvais usage de ses prérogatives.

Nous répondrons que c'est là une crainte chimérique. Le souverain moderne n'est plus un être particulier qui place ses caprices au-dessus des lois et des obligations sociales. Pour pouvoir régner, il faut qu'il soit l'esclave de son devoir et le citoyen le plus soumis à la loi, le plus sage, le plus modéré et le plus vertueux de son Etat. Il n'a pas les haines des chefs de parti, car sa haute responsabilité fait de lui un être «impersonnel», en quelque sorte, soustrait aux passions qui meuvent le commun des humains. Son cœur est ceint du triple airain dont parle Horace et qui le garantit contre les mobiles mesquins, les suggestions vulgaires.

Au surplus, la question ne se pose pas ainsi dans ce débat. Nous avons le bonheur d'avoir sur le trône un Prince sage et supérieur, qui exerce un ascendant décisif sur le peuple, grâce à ses vertus, à ses éminentes qualités et aux services rendus. Pourquoi faut-il que ce Roi, capable de faire encore beaucoup de bien, — le plus grand serait de moraliser nos mœurs — soit paralysé par une fiction qui l'oblige à tolérer que le mal puisse être fait sous son égide?

Nul ne met en doute que lorsque, tout en maintenant notre organisation parlementaire avec de légè-

res modifications, nous aurons proclamé le principe
suivant lequel le Roi gouverne avec le concours
de ses ministres, dans les limites de la Constitution,
bien entendu, les affaires du pays n'aillent infiniment mieux pendant le reste du règne.

Après ? On verra. Dans tous les cas, ce qui est
certain, c'est que la tâche d'un souverain jeune
serait bien plus difficile avec le régime hybride
actuel, qui n'est ni parlementaire, ni personnel, car
il faut, en effet, une grande expérience des hommes et des choses, jointe à une tout aussi grande
autorité, pour gouverner au milieu des obstacles
qui naissent d'un système politique mensonger et
souvent inapplicable. Affranchi de l'hypocrisie gê-
nante des pratiques actuelles, maître absolu de ses
actes, il s'acquittera plus facilement et avec plus
de prudence de sa haute mission.

Nous n'avons donc aucune appréhension quant
à l'arbitraire de la Couronne. Ce danger existe si
peu que, dans tous les pays, l'exemple de la modération et de la conciliation vient toujours d'en
haut. Nous sommes également rassurés sur l'usage qu'un souverain peut faire de sa grave prérogative de déclarer la guerre. Au milieu du milita-
risme général et en présence de la terrible responsabilité qu'implique le déchaînement de la guerre,
qui n'est plus comme autrefois une partie de chasse,
les princes sont beaucoup plus circonspects et beaucoup moins aventureux que leurs ministres. Le
jeune Empereur d'Allemagne a été obligé et a eu

le courage de se séparer de son vieux et illustre chancelier, le prince de Bismarck, précisément parce qu'il craignait que celui-ci, par sa politique hautaine, ne troublât la paix du monde.

Oh non ! nous n'avons pas peur des rois. Nous avons plus confiance dans les chefs d'Etat que dans les chefs de parti, car les intérêts de la dynastie seront toujours d'un ordre plus élevé que les intérêts d'un ministère passager.

IV

LA DOMINATION DES CLUBS

On a dit que la seule différence entre les deux grands partis qui nous gouvernent est qu'à tour de rôle l'un se trouve au pouvoir et l'autre aspire à y arriver.

Cette appréciation est peu réconfortante, mais vraie, au fond.

La tactique de parti prévaut, en effet, sur les principes, et les doctrines qu'affichent les uns et les autres se perdent dans des préoccupations opportunistes n'ayant qu'un objet unique: la possession du pouvoir.

Nous avons, certes, des libéraux, des conservateurs, voire même des démocrates, mais nous n'avons ni un parti libéral, ni un parti conservateur, pour ne parler que des deux grands groupements politiques. Dès que l'on s'enrégimente dans un club, on perd le droit de professer hautement les croyances dont il porte l'étiquette; on abdique son individualité et ses convictions pour devenir opportuniste. Il faut se tenir en dehors des partis pour pouvoir affirmer ses principes. Feu Peucesco a dit qu'il était entré dans le parti libéral pour rester conservateur; d'autres diront qu'ils ont passé de M. Démètre Stourdza à M. Lascar Catargi pour rester libéraux. En réalité, c'est toujours subir une tyrannie, non pas le noble joug des idées, mais la basse dictature des intérêts de coterie.

Cela tient évidemment à l'inutilité des principes, puisque les électeurs ne les apprécient pas, puisqu'ils suivent toujours ceux qui se présentent au nom du gouvernement, sans leur demander la moindre profession de foi.

Aussi n'avons-nous que l'organisation extérieure des partis politiques, organisation dont les clubs constituent l'élément capital. On n'est pas libéral ou conservateur parce qu'on professe des opinions libérales ou conservatrices, mais bien parce qu'on est inscrit au club de la place du Théâtre ou à celui du coin du Boulevard.

L'institution des clubs a ses avantages et ses dangers dans tous les pays. Elle offre chez nous des inconvénients tout particuliers, par suite des conditions difficiles et anormales dans lesquelles se pratique le régime parlementaire.

Une des difficultés très sérieuses consiste dans la pénurie d'hommes, que nous avons déjà signalée et sur laquelle nous avons promis de revenir. Malgré l'attraction que la politique exerce sur toutes les vocations, la demande dépasse toujours l'offre, car nous devons pourvoir presque dans la même mesure que des peuples huit et dix fois plus grands que nous à l'énorme consommation de capacités et de talents que fait l'Etat moderne, notamment un Etat parlementaire.

Toute la production du pays suffirait à peine pour faire face à ces exigences. Mais les clubs viennent augmenter cet embarras en divisant nos forces si restreintes en deux camps qui se livrent une guerre à outrance, d'autant plus acharnée que rien d'essentiel ne les distingue, sans compter les petits groupes intermédiaires qui multiplient encore ces divisions. Voilà pourquoi le plus souvent, à côté de quatre ministres qui honorent les portefeuilles qu'ils détiennent, il y en a autant qui abaissent un peu le prestige des leurs. C'est déjà un «grand ministère» lorsque, sur huit chefs de département, on en compte cinq de première main. On rencontre dans la rue tant d'anciens ministres obscurs, que la dignité ministérielle, qui devrait être le couronnement d'une carrière brillante ou la prime accordée à un talent hors ligne, est presque discréditée.

Le même phénomène se reproduit en ce qui concerne le fonctionnement du Parlement. Le niveau de nos Chambres est généralement bas, parce qu'elles se recrutent dans un seul parti, à l'exclusion presque totale de l'autre. Le gouvernement réussit toujours dans cette tâche, car le corps électoral est facilement confisqué par l'administration et, quand celle-ci est maladroite, elle se paye le luxe funeste des unanimités. Les hommes les plus considérables de l'opposition échouent devant des inconnus — il y a à ce sujet des précédents qui ont fait sensation.

Le rapetissement du gouvernement et de l'institution parlementaire est donc le premier effet de la domination des clubs. Ce mal, qui existe aussi dans les autres pays d'opinion, car la médiocrité règne un peu partout, est cependant plus intense chez nous que partout ailleurs.

Mais voici une anomalie dont nous avons le triste privilège sur les Etats d'occident: nos clubs ne fournissent pas seulement le personnel politique, ils se chargent aussi du personnel administratif dans le sens le plus large du mot, à commencer par les diplomates pour finir par le plus infime fonctionnaire. Chaque gouvernement se crée une administration dévouée qui est mise à la discrétion absolue du parti au pouvoir. Les adversaires sont traités en ennemis, indignes de la protection des lois. La rancune de parti sait trouver, pour le frapper, l'humble employé dans le coin le plus reculé d'un modeste bureau, où il gagne difficilement sa vie, une vie faite de privations et de souffrances. *Vae victis!* Avec le temps, cette administration perdra toute mesure et le ministère, dominé par elle, prisonnier de ses propres esclaves, devra fermer les yeux sur tous les abus, sur toutes les malversations. Il tolérera des crimes et des assassinats et il l'avouera dans un moment de suprême impuissance.

Malheur au vaincu!

Il s'est produit sous ce rapport, nous le savons, une certaine amélioration depuis quelques années, grâce à la tolérance pratiquée par le dernier gouvernement conservateur; mais combien légère et insignifiante!

De fait, le régime du «cabinet», dont nous sommes si fiers et pour lequel tous nos politiciens professent un dévouement calculé, a abouti chez nous — et seulement chez nous, car dans les autres Etats il y a des traditions auxquelles on n'ose toucher — à ce que, à tour de rôle, une association constituée en club exploite les fonctions publiques ainsi que les autres avantages du pouvoir et se livre à tous les abus et à toutes les licences, possibles dans un pays où, l'opinion publique étant nulle, l'action gouvernementale ne rencontre aucune résistance. A tel point que nous en sommes à regretter le *Livre noir* du général Kisselef et le châtiment qu'il réservait à ceux pour lesquels il s'ouvrait.

C'est par suite de l'influence néfaste de cette politique que le sens du devoir et de la morale se développe si lentement chez nous et que nos mœurs administratives ne se sont pas améliorées davantage depuis trente ans.

S'il en est ainsi, à quoi bon nous payer les apparences coûteuses d'un gouvernement de partis, pour lequel nous n'avons même pas un personnel politique suffisant, comme nous l'avons déjà fait ressortir? Pourquoi ne pas reconnaître courageusement la vérité et agir en conséquence?

Pour toute réponse, on se borne à montrer d'un geste superbe les grands progrès que nous avons accomplis depuis 1866. Une guerre victorieuse, des chemins de fer, des routes, une place honorable dans le concert européen, une armée bien organisée, des institutions de crédit, des visites impériales, que sais-je?

Eh bien! c'est là un pur sophisme. Tous ces progrès, on les a réalisés malgré l'action des partis et il est certain que, sans elle, le résultat de l'activité nationale serait bien plus considérable.

Il est beaucoup moins beau le bilan de la politique de parti, de cette politique qui trafique des fonctions de l'Etat, qui sème la suspicion et la haine, qui est faite de mauvaise foi et d'esprit sectaire, de cette politique, enfin, qui, pour frapper un adversaire, ne recule pas, alors même que le pays doit en souffrir.

Il serait intéressant de faire la statistique des soi-disant bienfaits des passions «fécondes» des partis. Il nous est malheureusement interdit de nous livrer à ce travail, qui dépasserait de beaucoup le cadre que nous nous sommes tracé. Rappelons, cependant, quelques-uns des résultats les plus saillants de cette «action féconde».

Sous le règne du prince Couza, nous lui devons les menées démagogiques d'une faction criminelle qui ont abouti à l'assassinat monstrueux de Barbo Catargi, une des plus grandes figures de la Roumanie contemporaine.

C'est également par suite des passions des partis, cette fois coalisés, que, il y a précisément aujourd'hui, jour pour jour, trente et un ans, ([1]) l'histoire a eu à enregistrer un acte qui fut pour le moins une trahison inutile: le détrônement du prince Couza. Quelques mois avant sa déposition, ce prince avait, en effet, écrit à l'empereur Napoléon III, lui annonçant sa ferme décision d'abdiquer au bout d'un an, au plus tard. Ce fait était connu et il nous a été confirmé par M. Nicolas Kretzulesco, son dernier président du conseil. Mieux que cela, dans son message aux Chambres, deux mois avant la conspiration du 11 février 1866, il avait déclaré qu'il ne serait jamais «un obstacle à quelque événement que ce fût qui contribuerait à la consolidation de l'édifice politique». Il ajoutait que «dans Alexandre Jean I, dans le prince de Roumanie, les Roumains trouveront toujours le colonel Couza, qui déclarait aux puissances garantes n'accepter la double élection qu'à titre de dépôt sacré.»

Mais, les uns avaient hâte d'éloigner un prince ennemi de la démagogie et d'autres d'avoir un trône vacant. Bon nombre des acteurs du drame de la nuit du 11 février sont en vie, ce qui nous oblige à des réserves; mais un jour on dira les intentions et les mobiles des uns et des autres.

Ce qu'on doit encore à la politique des partis, aux intrigues des politiciens et à leurs jalouses

---

.[1]) Cet article a paru dans l'*Indépendance Roumaine* du 11 février 1897.

rivalités, ce sont les premières cinq années du règne actuel, époque pleine de troubles et d'angoisses aussi bien pour le Souverain que pour le pays, époque qui a eu pour épilogue le scandale de la salle Slatineano et le crime de la proclamation de la République à Ploeshti.

Quelques années après, cette politique nous donnera le spectacle odieux de Lascar Catargi promené entre des baïonnettes à travers les rues de Bucarest pour être conduit devant un comité d'instruction illégalement constitué. Le général Floresco, le créateur de l'armée roumaine, ne sera pas admis à participer à la guerre de l'indépendance et Pierre Mavrogeny, le financier de génie qui avait organisé les finances et laissé une situation dont les libéraux tireront le plus grand profit, sera bafoué et calomnié par eux.

Que dire de l'attitude de nos partis politiques dans la question de la rétrocession de la Bessarabie? Le congrès de Paris, pour limiter les ambitions de la Russie, nous avait rendu trois districts de la Bessarabie, qui nous avait été enlevée en 1812. Après la guerre de 1877, à laquelle nous avions pris une part glorieuse à côté des armées russes, le congrès de Berlin décide le retour de ces provinces à la Russie. D'aucuns prétendent qu'avant la guerre, à Livadia, le gouvernement roumain avait été mis au courant des intentions de la Russie. Dans tous les cas, nous nous trouvions en présence d'un fait accompli, douloureux, mais inéluctable.

Quelle devait être notre politique, une politique vraiment nationale? C'était d'obtenir les plus larges compensations en revanche du territoire qu'on nous prenait. Mais la passion de parti est là pour brouiller la situation. Le gouvernement, pour faire pièce à l'opposition, pour paralyser ses critiques, provoque par ses préfets un puissant mouvement de protestation contre le rapt de la Bessarabie, alors qu'il savait parfaitement que toute résistance était vaine et préjudiciable à nos intérêts. Et sous la pression de l'opinion publique, prêtant l'oreille à des promesses perfides de certaine puissance, le gouvernement fait voter par le Sénat la fameuse motion du 26 janvier 1878, qui repousse toute compensation territoriale ou indemnisation, afin de réserver ainsi à la Roumanie le rôle touchant d'une noble victime! C'était un sentimentalisme de parade qui devait servir d'arme de parti. Le résultat de cette politique, on le connaît. La Russie était disposée à nous accorder Varna et Roustchouk et, en outre, affirme-t-on, cent millions de francs, avec lesquels nous aurions pu améliorer nos ports et compléter nos routes. Nous aurions ainsi eu des frontières du côté de la Bulgarie. Au lieu de cela, par suite d'une intransigeance inintelligente, nous avons reçu la Dobroudja et, pour toutes frontières, des points stratégiques bulgares qui dominent presque le pont sur le Danube.

Qui sait quel eût été le cours des événements ultérieurs si nous avions accepté l'offre de la Russie!

Veut-on encore des faits qui caractérisent la politique de parti?

En 1883, Jean Bratiano, mûri par l'expérience et grandi par les hautes responsabilités qui pesaient sur lui, fait appel aux conservateurs en vue de la revision de la Constitution. Mais on ne se met pas d'accord sur les points de préséance. Qui présidera le nouveau gouvernement?

«Bratiano?»

«Non!» répondent les conservateurs.

«Catargi?»

«Pas du tout!» répliquent les libéraux.

Et c'est ainsi qu'on sacrifie une grande question de principes à une mesquine question de personnes.

En 1885, la révolution éclate en Roumélie; une année plus tard, le prince Alexandre de Battemberg est détrôné; il est question d'une union personnelle de la principauté bulgare avec le royaume roumain. Mais comment songer à une entreprise aussi grave, alors que le pays est divisé en deux camps qui se combattent à outrance?

La haine de parti va si loin, qu'on a vu des conservateurs combattre le domaine de la Couronne et les fortifications après qu'ils avaient pris part à un banquet donné en l'honneur de C. A. Rosetti, qui avait réussi à maintenir l'impunité absolue de la presse!

Parlerons-nous encore des tristes palinodies des hommes de parti dans les questions les plus importantes, de l'opportunisme ennemi de toute pensée sincère qui règne dans les journaux, comme dans les clubs, à côté de la passion de parti la plus exclusive ? Insisterons-nous sur la promiscuité humiliante avec des individus qui vendent le concours de leurs gourdins et, enfin, sur toutes les préoccupations vulgaires qui flétrissent l'intelligence et avilissent le cœur d'hommes politiques, autrement honorables et dignes de respect ?

Voilà l'œuvre de ce qu'on appelle pompeusement: «l'action féconde» des partis.

Si au moins nous avions des principes à faire prévaloir! Ce serait une explication et une excuse. Mais non. Nous nous abaissons à une besogne souvent réprouvable, seulement pour caser des amis, pour faire de X un député, de Y un préfet, de Z un procureur ou un commissaire de police! Et quel profit en tirent les chefs ? Aucun. Quelle est leur satisfaction morale ? Nulle. Ils ne peuvent pas faire une politique d'idées; ils sont même impuissants à faire le bien, car les intérêts de la clientèle ne s'en accommoderont pas toujours. Etre ministre dans ces conditions, c'est une dure épreuve pour un homme de cœur qui ne veut pas être confondu avec les simples ambitieux. Oh ! non, cela n'en vaut pas la peine.

Nous avons dit plus haut la raison pratique pour laquelle les principes sont bannis de notre politique: c'est que la généralité des électeurs, ne les comprenant pas, n'y attachent pas d'importance.

Il convient d'ajouter à cela, suivant les uns, cette circonstance que la Constitution de 1866 ayant fait table rase du passé, les conservateurs ayant tout concédé et les libéraux tout obtenu, les uns et les autres ont perdu leur raison d'être en tant que partis.

La pratique, il est vrai, a ratifié cette manière de voir, car au point de vue de l'activité législative, du moins, on ne découvre aucune différence essentielle entre la politique des conservateurs et celle des libéraux. Les derniers semblent avoir épuisé leur programme et les premiers aiment se dire libéraux de peur de passer pour des réactionnaires.

Cependant, à notre avis, il y a place pour une politique conservatrice, ne consisterait-elle qu'à mettre d'accord le fait avec le droit et à introduire dans nos lois le fond de vérité qui leur fait défaut.

Les hommes de gouvernement qui composent aujourd'hui le parti libéral pourraient s'associer à cette œuvre ou l'entreprendre eux-mêmes, sans se contredire, sans rien renier de leurs croyances, car ils ne sont plus les dépositaires du libéralisme historique, comme nous espérons le prouver dans le chapitre qui suit.

V

LE PARTI LIBÉRAL

A en croire certains historiographes, l'Etat roumain serait l'œuvre exclusive du parti libéral, dont la genèse se confondrait avec les premières manifestations de la conscience nationale.

C'est là une légende d'autant plus en désaccord avec la vérité historique, que le mouvement libéraliste proprement dit n'a commencé qu'en 1848. Quant à l'idée nationale, elle a trouvé son expression à travers les siècles, avec des éclipses partielles, dans l'aristocratie, dont les descendants se trouvent actuellement au premier rang des deux partis, et surtout dans le parti conservateur. Pour ne parler que des événements relativement plus près de notre époque, il n'y avait pas de libéraux à la tête de la révolution de Tudor Vladimiresco, dont les clients du club libéral prétendent pourtant descendre en droite ligne.

Les origines du parti libéral procèdent du mouvement de 1848 et encore, si, à cette époque-là, il est beaucoup question de liberté, on n'use pas encore du mot libéral ou libéralisme. On ne trouve pas, du moins, cette expression dans la proclamation du 15 juin, qui octroie au peuple roumain une nouvelle charte. Pendant longtemps encore, nous aurons des «rouges» et des «blancs»; le mot libéral ne pénétrera dans le dictionnaire politique qu'environ vingt ans plus tard, sous le règne actuel.

Donc, en 1848, le libéralisme débute en Valachie sous l'influence des journées de février de Paris et sous les auspices d'un certain nombre de boyards, tels que les Golesco, les Kretzulesco, les Filipesco, les Campineano, les Ghika, les Bratiano, les Rosetti.

Ici, il trouve un terrain plus propice qu'en Moldavie, parce que, grâce à des lois et à des mœurs moins intransigeantes qu'au-delà du Milcov, il s'était formé une petite bourgeoisie, notamment à Bucarest, de commerçants, de petits propriétaires, d'artisans, qui, bien que d'origine transdanubienne, s'étaient absorbés dans l'élément roumain, soit par des alliances, soit par un contact plus direct et plus familier avec lui. Tandis qu'en Moldavie, où le tiers-état se composait de juifs et d'arméniens restés étrangers, la timide tentative des boyards de Iassi, réduits à leurs propres forces, est facilement réprimée, à Bucarest, l'appel des chefs trouve un écho presque général parmi les populations des faubourgs, quoiqu'il ait été peu nombreux le peuple qui, réuni au «Champ de la Liberté», à Filaret, a brûlé le règlement organique et a décrété la nouvelle forme de gouvernement, une forme quasi républicaine.

C'était un vrai mouvement libéral, ou plutôt démocratique, que celui de 48. On y rencontre la conception idéale du peuple, d'un peuple bon, généreux, omniscient, qui, guidé par le sens sûr de son intérêt, est digne d'être l'unique maître de ses destinées. Sa souveraineté est d'essence divine.

La proclamation dont nous parlons plus haut débute, en effet, en ces termes :

«... Tout Roumain est un atôme de la Souveraineté entière du peuple. Paysan, artisan, commerçant, prêtre, soldat, étudiant, boyard, prince, chacun est fils de la patrie et, d'après notre sainte Ecriture, il est plus que cela, il est fils de Dieu» (d'où son pouvoir de droit divin).

Et plus loin :

«Le peuple roumain, en décrétant les droits civils et politiques que le citoyen a eus de tout temps, déclare que tout Roumain est noble, que tout Roumain est un souverain».

Comme on le voit, la souveraineté du peuple est le principe initial de toute autorité, c'est de la nation qu'émanent tous les pouvoirs. Aussi le peuple élira-t-il le Souverain pour cinq ans, un Souverain responsable, et il pourra le prendre dans les couches de la société (art. 5). Bien plus, il élira également les préfets des districts, droit qui résulte de celui qu'il a d'élire le prince (art. 10). Il aura son armée, la garde nationale (art. 11). Enfin, les ministres aussi seront responsables devant lui (art. 7).

Ajoutons que le mouvement de 48, qu'on désigne un peu improprement sous le nom de révolution, se signale également par la générosité de sentiments et la tolérance avec lesquelles la conception populaire confond le libéralisme. La Constitution du 15 juin ne supprime pas seulement la corvée (art. 13), mais elle consacre l'émancipation des tziganes (art. 14) et proclame celle des juifs (art. 21).

La République est l'idéal des hommes nouveaux et plus tard, après l'avortement de la révolution, Jean Bratiano et C. A. Rosetti rédigeront à Bruxelles une revue périodique, la *Republica rumana*, dans ce style emphatique et quelque peu enfantin propre au sentimentalisme naïf de cette époque.

On plaisante beaucoup dans certains cercles sur le compte du soulèvement de 48 *(paşopt)*, peût-être parce que certaine classe de libéraux en a exagéré l'importance et en a fait son *credo,* à tout propos rappelé avec une persistance fatigante. La vérité se trouve entre ces deux opinions extrêmes. Nous lui devons, il convient de ne pas l'oublier, l'émigration des chefs qui s'y étaient compromis. Eparpillés dans les grandes capitales de l'Europe, ils se sont mis en contact avec les diplomates et ont réussi à les intéresser au sort des Principautés. Ils ont ainsi préparé le terrain pour les *Divans ad-hoc,* pour la convention de Paris et pour la prochaine Union. A ce point de vue, le mouvement de 48 occupera une page d'honneur dans notre histoire.

Malheureusement, sous le rapport de l'action intérieure de nos partis, cette date marque le début

d'une politique fallacieuse, malsaine, qui faussera
et dépravera le sentiment public. Elle est le pré-
lude d'un changement brusque qui troublera le
développement moral de ce peuple.

Le libéralisme roumain, après cette première et
dernière manifestation idéaliste, tombera dans la
démagogie, car il sera facile aux politiciens de
carrière d'étourdir et d'abuser un peuple jeté sans
préparation dans le tourbillon des luttes politiques.
Si l'on en excepte les Golesco, les Kretzulesco, les
Ghika, qui étaient des hommes d'ordre, et Jean
Bratiano, qui, quoique d'un tempérament plus militant, laissait déjà entrevoir en lui le futur homme
de gouvernement, l'état-major libéral se compo-
sera surtout d'agitateurs. Ceux-ci chercheront non
pas à former une école libérale en vue de faire
l'éducation du peuple et de le rendre apte à la
liberté, mais tous leurs efforts se concentreront à
fonder une secte, une armée de terrorisation, en
flattant les plus bas instincts de la foule, en faisant appel à l'envie, à la haine, à la cupidité, en
un mot à toutes les mauvaises passions des bas-
ses couches de la société.

Voici, à ce sujet, un incident caractéristique entre tous.

C. A. Rosetti était ministre de l'instruction publique sous le prince Couza. Un jour, c'était un
samedi, un chef de bureau lui présente un acte à
signer, mais le ministre le prie de venir le lendemain matin chez lui avec tous les papiers à expé-

dier. Quelle n'est pas la surprise du fonctionnaire lorsque, le jour suivant, le dimanche, en entrant chez le ministre il y trouve, en visite, des cabaretiers, des bouchers, des marchands des quatre-saisons et des coiffeurs aussi, — les Figaros, principaux agents de l'intrigue et de la calomnie, ne pouvaient pas être négligés par un agitateur comme Rosetti. La surprise du brave homme se transforme en stupéfaction lorsqu'il s'entend violemment apostropher par son ministre, qui le désigne à ses hôtes comme le représentant de la classe des oppresseurs qui se nourrissent de la sueur du peuple!

Le lendemain, au ministère, le fonctionnaire ainsi maltraité se montre étonné devant son chef. «N'y faites pas attention», lui répond familièrement Rosetti, «le peuple aime ça».

Cette anecdote, absolument vraie, caractérise bien l'action libérale, une action trompeuse et subversive, dont C. A. Rosetti a 'été la plus haute expression, presque jusqu'à la fin de ses jours. Il a été secondé admirablement, il faut le dire, par le *Romanul*, un journal qui avait été fondé sous le nom de *Concordia* et que son propriétaire, feu Constantin Kretzulesco, avait cédé à C. A. Rosetti. Sous la direction de ce dernier, le *Romanul* avait ouvert ses colonnes à des réfugiés italiens, polonais et hongrois — d'anciennes connaissances des clubs révolutionnaires de l'étranger — et on y faisait une politique incendiaire dans laquelle l'évangile cosmopolite prêtait un étrange concours aux effusions révolutionnaires d'un patriotisme toujours déclamatoire et souvent perfide. Les consuls étrangers y trouvaient aussi, parfois, un terrain propice à leurs intrigues.

On comprend aisément que, se servant de pareils moyens, le parti «rouge» soit devenu un parti populaire, ou plutôt populacier. De fait, il exerça une véritable terreur et les éléments d'ordre, les «blancs», se sentaient de plus en plus intimidés, surtout après l'assassinat de Barbo Catargi, perpétré de la façon la plus audacieuse.

La haine de ce parti devait se tourner naturellement contre le prince Couza, qui, quoique porté au trône par les libéraux, dut rompre avec eux, ne pouvant pactiser avec leurs procédés démagogiques.

Pour le renverser, ils profiteront des ressentiments que les allures cassantes du Souverain avaient produits aussi dans les rangs des conservateurs et ils s'allieront avec ceux-ci, surtout parce qu'ils auront besoin de leur argent. C'est alors que se forma la coalition qui accomplit le coup de main du 11 février et donna à la Roumanie la Constitution de 1866, que la Constituante a votée à la vapeur, en onze séances seulement, parce que la situation de la Roumanie vis-à-vis de l'étranger exigeait des solutions promptes.

Cette Constitution, résultat d'une transaction entre les deux partis, et que les uns et les autres ont acceptée à contre-cœur, porte surtout l'empreinte des idées libérales. Bien que les conservateurs revendiquent leur part dans cette œuvre, il est certain que ceux qu'on appelait les «rouges» sont les auteurs de toutes les dispositions d'un libéralisme prématuré. Imbus des utopies de l'école philosophique française, qui ne tenait aucun compte du développement historique des peuples et croyait à des vérités politiques générales, les libéraux ont imposé leur méthode aux conservateurs et ceux-ci, sans partager leur enthousiasme pour les formules abstraites, ont été obligés de subir l'influence des plus forts.

D'ailleurs, l'extrême gauche ne réclamait pas moins qu'une magistrature élective, la séparation de l'Eglise et de l'Etat, une Chambre unique, le suffrage universel et le veto simplement suspensif de la Couronne. La droite fut assez heureuse pour obtenir la renonciation à toutes ces fantaisies radicales et elle crut se tirer d'affaire à bon marché en acceptant les autres innovations, assez hardies cependant pour faire de la Constitution roumaine une des plus libérales de l'Europe.

C'est ainsi que le mensonge fut intronisé dans notre loi fondamentale, au plus grand profit des politiciens libéraux, qui savaient se faire comprendre par le peuple souverain, en lui parlant... à la façon de C. A. Rosetti.

Aujourd'hui, après trente et un ans de pratique, il n'y a plus personne qui ne se rende compte de cette vérité, à savoir que notre régime parlementaire est une pure fiction, une fiction malfaisante, com-

me nous croyons l'avoir démontré dans nos précédents articles.

Les quatre premières années d'expérience avaient
suffi, on le sait, pour faire comprendre aux plus
optimistes les dangers de ce système.

Mais si les hommes sensés le condamnaient
tout bas, personne n'osa y toucher. C'est que le
parti libéral exerçait une véritable tyrannie, à tel
point que le Souverain préférait le voir au gouvernement que dans l'opposition, surtout quand
des questions brûlantes, comme celle des chemins
de fer Strousberg, par exemple, se trouvaient à
l'ordre du jour. «Les libéraux», dit-il dans une lettre
au prince Antoine de Hohenzollern, «font moins de
mal étant au pouvoir que lorsqu'ils sont dans l'opposition». (Notes sur la vie du Roi Charles).

Les idées ne sont plus rien maintenant pour
les libéraux; leur idéal se concentre dans la possession du pouvoir et toutes leurs énergies tendront
à se créer un parti assez fort pour le monopoliser
sans le moindre partage. Telle a été leur politique
de 1866 à 1871, telle elle sera encore de 1871 à
1876 et pendant les douze années de gouvernement
qu'ils fourniront à partir de cette date.

Il ne nous appartient pas de dresser ici le bilan
de l'activité des libéraux. Notre but est de faire
la psychologie du parti libéral en dégageant les traits
qui fixent sa physionomie. Disons donc, d'une façon
générale, que sous la conduite de Jean Bratiano,
qui fut un patriote et un homme d'Etat, le parti

«rouge» d'autrefois était devenu un parti de gouvernement sincèrement dynastique. Il a pu assumer des entreprises hardies, parce que son chef, grâce à sa popularité, savait soulever l'enthousiasme des foules et les dominer au besoin. Il a le mérite, nous en convenons, d'avoir fait rentrer les impôts et développé notre activité économique par la création de puissants établissements de crédit. Mais le trait saillant du caractère libéral a été certainement l'amour du pouvoir, la soif des jouissances. Jean Bratiano a bien vite compris cette grande pensée de ses troupes et, pour gagner leur entier dévouement, pour les diriger avec une autorité toute militaire, en vue de la réalisation de sa politique, il leur a dit, reprenant un mot de Guizot: «Travaillez et enrichissez-vous». Mais tous ses fidèles n'ont pas compris le vrai sens de cette formule, très morale, au fond, car la fortune de chacun est la source du bien-être général. Et quand Jean Bratiano se verra débordé, il sera trop tard pour réagir, car il ne sera plus que le prisonnier de ses soldats.

Aussi la prospérité matérielle du parti libéral est-elle le commencement de sa décadence. Le feu sacré de la première heure est éteint, puisque le but ardemment poursuivi est enfin atteint. Peu à peu, la grande armée se désagrégera et ne présentera plus qu'une cohésion apparente.

Telle est, aujourd'hui, la situation du parti libéral. La fin de son ascendant marque aussi la fin d'une époque, le dernier terme d'une évolution fatale. Les illusions sont dissipées; le pays, revenu comme d'un long rêve, n'a plus la superstition de la fiction parlementaire; personne ne protesterait si on en faisait justice.

Jamais les circonstances n'ont été plus propices pour inaugurer une politique vraie, et nous reconnaissons en cela encore la sagesse du Roi Charles, qui, confiant dans la logique des choses, s'est gardé de précipiter les événements. C'est donc maintenant aux conservateurs, dont la parole a été si longtemps supprimée, de dire leur mot. Ces conservateurs, nous les voyons, du reste, aussi bien dans les rangs du parti présidé par M. Démètre Stourdza que dans celui conduit par M. Lascar Catargi.

L'orthodoxie libérale a avorté, en effet, en Roumanie comme dans le reste de la vieille Europe et dans le Nouveau-Monde.

Cette fière doctrine avait trop présumé des forces de l'individu. Elle se présentait comme une réaction contre la conception de l'Etat tout puissant. C'était le triomphe du principe individualiste. Dans cette conception, la personnalité humaine est la première et la seule force agissante. Elle forme le principe initial qui domine tout et vers lequel tout converge. Libre de toute tutelle, guidé seulement par son intérêt, l'homme se suffit à lui-même. *Farà da se*. Quant à l'Etat, il n'a plus qu'une mission modeste—le rôle d'un gendarme. De là la théorie du gouvernement qui ne fait rien. Le meilleur est celui qui s'annihile davantage, qui se rend tout à fait inutile, car l'initiative privée est l'unique source du progrès et de la félicité humaine. Comme conséquence de ce principe: en politique, le suffrage universel, qui respecte la volonté de chacun, et le régime parlementaire, qui réduit le chef de l'Etat au rôle d'un figurant; sur le terrain économique: le libre échange.

Cette doctrine, nous le répétons, a fait banqueroute. L'intervention de l'Etat s'exerce partout, un peu plus dans un pays, un peu moins dans un autre; le protectionnisme est la règle de conduite de presque tous les peuples et le principe parlementaire lui-même traverse une crise aiguë dans tous les pays constitutionnels.

Le libéralisme historique semble donc avoir fait son temps. Son œuvre aura pourtant été à jamais féconde. Il a, en effet, formé l'Etat politique, c'est-à-dire la société moderne, régie par des lois égales pour tous, assurant à chacun sa liberté individuelle, lui permettant de se développer, de s'élever par son mérite et de jouir du fruit de son travail. Ce sont là des conquêtes définitives de l'humanité que tous les partis se sont appropriées. Et c'est précisément pour cela que le libéralisme politique n'a plus sa raison d'être comme une doctrine propre à un parti, parce qu'il n'a plus rien à donner.

Pour en revenir aux libéraux de Roumanie, ils ont abandonné les principes essentiels de la théorie libérale; ils sont plus protectionnistes que les conservateurs et aussi interventionnistes qu'eux; enfin, ils reconnaissent la nécessité de diriger les électeurs, tout comme ces derniers.

Alors pourquoi s'isoleraient-ils sous une bannière trompeuse?

VI

LE PARTI CONSERVATEUR

On reproche au parti conservateur la haine de la liberté et un esprit réactionnaire qui lui ferait regretter le passé. Rien, pourtant, n'est plus faux et plus injuste que ce reproche.

Nous dirons même plus. Si le libéralisme roumain a une belle page dans l'histoire de ce pays, il ne la doit ni au mouvement de 1848, qui n'en a été qu'une manifestation platonique, ni à la guerre de l'Indépendance, dont le mérite revient au Souverain et au Pays tout entier, ni à la longue période de douze ans pendant laquelle les libéraux ont détenu le pouvoir.

Son époque la plus féconde a été celle des *Divans ad-hoc,* convoqués à Bucarest et à Iassi en l'automne de l'année 1857, pour exprimer les vœux des populations moldo-valaques, vœux qui devaient guider les Puissances garantes réunies au congrès de Paris dans l'œuvre d'organisation des Principautés danubiennes.

A ceux qui accusent les conservateurs d'être les pivots de la réaction, nous recommandons la lecture des débats de ces assemblées. Ils y verront comment les *bani,* les *vornics,* les *agas,* les *spatari,* les *hatmani,* les *logofeti,* les *serdari,* les *paharnici,* les *pitari,* les *cluceri,* les *postelnici* et les *postelnicei* décidaient par acclamations l'abandon de leurs titres et privilèges; comment ces mêmes boyards, qui étaient les seuls à profiter de l'organisation politique de cette époque, réclamaient, en Moldavie surtout, des droits égaux pour tous les Roumains, l'admission de tous aux fonctions publiques, l'inviolabilité des députés, la liberté individuelle, le respect du domicile, la séparation du pouvoir exécutif du pouvoir législatif, l'indépendance du pouvoir judiciaire, un régime constitutionnel, en un mot l'application de tous les principes libéraux qui sont tombés depuis dans le domaine public et qui forment la base de toute société moderne.

Ils verront aussi que ces soi-disant réactionnaires ont voté un règlement intérieur dont les principales dispositions se retrouvent dans les règlements de nos Chambres, sauf celle qui prescrit le vote public, avoué, infiniment plus moral et plus courageux que le vote secret, qui couvre et encourage toutes les trahisons.

C'était le libéralisme sans les libéraux, le libéralisme pratiqué par les conservateurs.

Certes, il y avait aussi dans les *Divans ad hoc* des bourgeois, notamment en Valachie, et des paysans, mais la conscience nationale était encore confuse dans les couches populaires; ces bourgeois étaient, en outre, ignorants des grands mouvements politiques qui avaient remué et changé l'Europe et nullement familiarisés avec les nouvelles idées et les nouvelles formes; ce ne sont donc pas eux qui en ont été les initiateurs et les champions dans les pays roumains. C'est grâce à l'action des boyards, comme les vornics Lascar Catargi, Michel Kogalniceano, Pierre Mavrogheni, Constantin Negri, Manolache Costache Epureano, en Moldavie, et, en Valachie, les princes Ghica, Stirbey et Bibesco, les Bratiano, les Golesco, les Filipesco, les Lahovary, les Cantacuzène, les Kretzulesco, etc., que nous avons obtenu l'organisation moderne, consacrée par la Convention de Paris, et l'union des Principautés, c'est-à-dire la patrie roumaine.

Et puisque ces mots viennent sous notre plume à propos du parti conservateur, nous ne pouvons pas ne pas relever le reproche d'antinationalisme qu'on lui adresse, bien que cela ne rentre pas directement dans le cadre de cet article. Nous voulons nous y arrêter un instant, surtout pour éclairer sur ce point très important la religion des étrangers qui nous font l'honneur de nous lire.

L'histoire véridique, celle qui n'a pas été écrite à l'usage des libéraux, nous apprend que si nous avons aujourd'hui une patrie qui occupe un rang honorable dans la famille des nations, malgré les détestables passions de la politique de parti, c'est précisément parce que nous n'avons pas été un peuple de paysans et que nous avons possédé, heureusement, une élite sociale qui, dans le passé, se composait uniquement de grands propriétaires, de boyards.

Dans une discussion récente, à la Chambre, à propos de la caisse rurale, M. le président du conseil a essayé de contester ce fait en citant l'exemple de la Transylvanie, où, a-t-il dit, la conscience nationale a été réveillée par de pauvres moines qui ne possédaient pas le moindre lopin de terre. M. Aurelian, qu'il nous permette de le lui dire, n'a pas approfondi son sujet. Il aurait dû se demander pourquoi les Roumains de Transylvanie et du Banat ont pu être asservis par les Hongrois, alors que les Principautés danubiennes sont restées debout à travers les tourmentes de l'histoire, exposées comme elles l'étaient à toutes les invasions.

Les masses populaires d'ici sont-elles plus vigoureuses que celles d'au-delà des monts? Certes non; c'est le contraire qui est plutôt vrai. Mais ce qui a manqué et manque encore aux Transylvains, c'est l'aristocratie territoriale. Les grands propriétaires, qui, par leur éducation, s'élevaient au-dessus du niveau commun, ne sont pas restés parmi eux. Ils ont préféré aller prendre des galons aux Cours de Pest et de Vienne. Cela explique aussi pourquoi, bien que plus près que nous de l'occident, le peuple roumain de là-bas, sobre, laborieux, économe, admirablement résistant, occupe pourtant un rang inférieur dans la hiérarchie du talent et de la distinction. Il ne possède ni hommes d'Etat, ni orateurs, ni écrivains, ni artistes.

Si nos boyards en avaient fait autant, s'ils avaient accepté des services en Russie, en Autriche ou en Turquie, au lieu de rester à leur poste, s'exposant à la mort ou à l'exil pour défendre l'autonomie du pays, ainsi que l'a constaté Michel Kogalniceano lui-même, nous serions aujourd'hui tout au plus dans la situation des Roumains d'au-delà des Carpathes.

Quoi qu'en dise M. Aurelian, la patrie roumaine — et nous entendons par là non seulement l'étendue de territoire, mais surtout l'âme nationale — a été sauvegardée grâce à l'existence d'une aristocratie territoriale, qui représentait alors l'aristocratie de l'intelligence et du mérite.

Qu'importent les défaillances personnelles, à côté de cet esprit général qui a animé la classe des boyards et qui a été transmis, comme un patrimoine de famille, de père en fils !

Mais revenons à la question politique, à laquelle nous devons nous attacher plus particulièrement dans cette étude.

Dans aucun pays du monde, croyons-nous, la classe des privilégiés n'a été aussi conciliante et n'a marché aussi vite que chez nous. En Roumanie, elle n'a pas eu à céder aux revendications de la démocratie; elle s'en est fait le porte-voix enthousiaste.

Ce n'est donc pas leur esprit rétrograde qu'on peut reprocher aux conservateurs.

Nous ne les blâmerons pas non plus d'être les fondateurs des libertés publiques, car, quelle que soit la réputation de réactionnaire qui nous ait été faite, nous sommes les adeptes convaincus de la liberté, que nous considérons, à côté du principe de l'ordre, comme le levain de toute société politique.

Mais, tout en reconnaissant le côté méritoire de leur œuvre, nous reprochons aux *Divans ad hoc* de n'avoir pas suivi une méthode plus rigoureuse, plus scientifique, pour ainsi dire, et de n'avoir pas prévu l'insuccès auquel ils exposaient les nouvelles institutions réclamées à l'Europe, par suite du manque de principes tutélaires destinés à diriger le peuple dans l'usage de ses libertés.

Il suffit, pour se rendre compte des tendances trop démocratiques de ces assemblées, de dire que presque d'un commun accord leurs membres ont repoussé l'institution du Sénat.

Ainsi, tandis que le Statut octroyé en 1848 au royaume de Sardaigne, qui devait se transformer bientôt en royaume d'Italie, instituait un Sénat composé des hommes qui ont illustré la patrie, des représentants de la grande richesse, d'ambassadeurs, d'anciens ministres, de magistrats supérieurs, de conseillers d'Etat, de membres de la cour des comptes, d'évêques et d'archevêques ; tandis qu'en Angleterre, la terre classique du parlementarisme,

il y avait la Chambre des lords, basée sur le principe de l'hérédité, tandis, enfin, qu'en France existait un Sénat où était également représentée l'élite
sociale sous toutes ses formes, la Roumanie, au
début de sa vie politique, sans passé, sans expérience, à peine dégagée des fers de l'esclavage,
émettait des vœux pour une Chambre unique, soi-
disant pour rester ainsi fidèle aux traditions du
pays, alors que, en cherchant bien, on trouve que
les premiers souverains roumains étaient toujours
assistés d'un conseil de vieillards, qui formaient une
sorte de Sénat.

L'expérience, une expérience courte, de quelques
années, s'est chargée de faire rapidement justice de
ce système d'une Chambre unique. L'assemblée
élective sous le règne du prince Couza devint, en
effet, un foyer d'agitations qui rendit impossible
tout gouvernement régulier et force fut au Souverain, secondé par Michel Kogalniceano, l'homme
d'Etat qui, au *Divan ad hoc* de Moldavie, repous-
sait l'institution du Sénat, d'en créer un, calqué,
dans ses traits généraux, sur celui qui fonctionnait
en France.

Deux ans après, en 1866, lorsqu'il s'agira de
remplacer le Statut du prince Couza par une nouvelle Constitution, les conservateurs, mûris par l'observation, ne se prononceront plus pour la Chambre
unique. Manolache Costache Epureano, un autre
ancien membre du *Divan ad hoc,* qui avait également voté contre l'institution d'une Chambre haute,

avouera que, en 1857, «personne ne se rendait encore compte de la capacité politique de la nation», et Nicolas Blaremberg, dans un discours magistral, proclamera courageusement la nécessité d'un Sénat «qui assure une sphère d'action propre à la propriété, au talent, à l'intelligence, aux hommes qui ont rendu de grands services; en un mot à toutes les supériorités sociales».

Mais ici encore nous trouvons les conservateurs timides. Craignaient-ils de se compromettre? Ou bien rivalisaient-ils avec les libéraux en vue d'une popularité de mauvais aloi?

Aussi «la Chambre territoriale» qui est créée par la Constituante est-elle presque une superfétation, car ses origines sont identiques à celles de la Chambre des députés, à cette différence près que l'héritier du Trône, deux représentants des Universités de Iassi et de Bucarest, les Métropolitains et les évêques y siègent de droit et que les conditions d'éligibilité sont un peu plus élevées quant à l'âge et au cens. C'est là la seule concession que l'on ait cru pouvoir faire à l'idée d'autorité.

Comme on le voit, dès le début les conservateurs se montrent animés d'un esprit absolument libéral. S'ils ont pris, ou si on leur a donné le nom de conservateurs, c'est probablement parce qu'ils se rattachaient, pour la plupart, par leur naissance, aux vieilles familles de boyards et que dans leur conduite ils avaient une réserve qui éloignait d'eux les hommes des nouvelles couches.

Ce qui rend encore incertaine la ligne de séparation d'avec les libéraux, c'est que, différant en cela des conservateurs d'autres pays, ceux de Roumanie n'ont pas formé un parti dynastique ou religieux. En Angleterre, par exemple, pendant deux siècles environ, les tories ou les Jacobites ont refusé de reconnaître la maison de Hanovre. La distinction était ainsi très marquée entre eux et les whigs. En France, encore à l'heure présente, les luttes entre les partis se livrent sur le terrain constitutionnel; il y a des républicains, des bonapartistes, des royalistes, etc. Dans certains Etats, enfin, les partis conservateurs ont un caractère politico-religieux.

Toutes ces lignes de démarcation manquent chez nous.

Certes, en allant au fond des choses, on trouverait bien chez certaines individualités de l'état-major conservateur une méfiance plus grande que dans le parti libéral à l'égard de la participation directe du nombre aux affaires de l'Etat, une sympathie plus prononcée pour les qualités de race et pour l'élite sociale, ainsi qu'une méthode plus positive consistant à donner à l'observation le pas sur la théorie pure; mais ce sont là des convictions personnelles, qu'on retrouve d'ailleurs également chez les chefs libéraux; elles ne constituent pas les principes du parti conservateur et n'en dirigent pas l'action.

Comme parti, les conservateurs, sous beaucoup de rapports plus corrects que les libéraux, accordent, cependant, bien qu'à un degré moindre que ces derniers, il est vrai, plus de sollicitude au personnel politique qu'aux principes et sacrifient tout autant à la fiction parlementaire.

Ils sont dominés, en outre, par une excessive timidité, qui fait taire leurs sentiments intimes et les entraîne à s'associer à une politique factice, faite d'un opportunisme terre-à-terre dans lequel le souci de la clientèle prédomine assez souvent, malheureusement.

Ce manque de courage, nous le trouvons chez les conservateurs déjà sous le règne du prince Couza, qui, tout en cherchant à démocratiser la société roumaine, avait essayé d'y implanter une politique tendant à assurer la suprématie aux éléments conservateurs.

Qu'il nous soit permis de citer ici les paroles suivantes prononcées par ce prince et qui caractérisent bien la pensée de son règne:

«Mon désir et mon ambition», disait-il dans son message du 6 décembre 1864, «sont et seront de faire en sorte que le peuple roumain obtienne sous mon règne toutes les libertés dont jouissent les nations les plus avancées.

»Si, aujourd'hui, je n'ouvre pas toute la main, c'est parce que ce n'est pas la première fois qu'on aura vu les couches anarchiques se servant des armes de la liberté de la presse et de la tribune pour tuer la liberté, c'est parce que je ne veux pas exposer à des tempêtes nos jeunes institutions avant qu'elles aient pris racine dans le sol de Roumanie.

»Ces institutions une fois consolidées, soyez sans crainte pour l'avenir. Avec ces institutions basées de haut en bas sur le système électif, à commencer par la commune pour finir à l'Etat, seuls les mauvais gouvernements ne seront plus possibles dans notre pays.....

»Aidez-moi à détruire les partis et les haines par l'union de toutes les classes de notre société sous un seul drapeau, celui du bien commun. Sous ce drapeau, nous pouvons tous nous donner la main sans humiliation».

Cet appel est resté sans écho et, il faut le dire, les chefs conservateurs n'ont pas été les plus empressés à seconder le prince dans une politique conservatrice.

Plus tard, quand les conservateurs détiendront pour la première fois le pouvoir, pendant cinq ans, de 1871 à 1876, ils auront la gloire d'organiser l'armée, les finances et l'administration, mais ils ne tenteront rien pour faire cesser la perturbation morale engendrée par un système politique qui, l'expérience l'avait déjà prouvé, avait affaibli l'idée d'autorité et réveillé les plus mauvais instincts.

Aujourd'hui, enfin, au milieu de la crise morale, religieuse et politique produite par les luttes qui se livrent uniquement autour du butin gouvernemental, sans conviction comme sans enthousiasme, inspirées seulement par des calculs mesquins, songent-ils, au moins, à y mettre le holà ? S'appliquent-ils à propager des idées saines, fût-ce même dans le cadre de la Constitution, en vue de moraliser notre vie politique et de guérir les plaies morales dont souffre le pays ?

Nous le constatons avec regret, ils ne font pas assez dans ce sens; ils sont trop préoccupés des intérêts de la clientèle, ils sacrifient trop à l'intérêt matériel du parti, bien que, nous en convenons, dans une mesure moindre que les libéraux. Aussi, à vrai dire, les conservateurs forment-ils le centre ou tout au plus l'aile droite du parti libéral.

Nous espérons pourtant que, grâce au concours de la jeune génération, mieux préparée pour comprendre et aimer la vérité, et grâce aussi à la désorganisation du parti libéral, qui ne fait plus peur à personne, tous nos hommes marquants auront dans un avenir prochain le courage d'entreprendre une politique s'inspirant des besoins réels et actuels de la nation.

On a dit: «Tous les systèmes vous promettront tous les progrès et toutes les libertés, la politique conservatrice seule vous les donnera».

Il appartient aux éléments éclairés, aux jeunes surtout, de réaliser cette parole.

VII

LES PETITS GROUPES

Le tableau serait incomplet si nous ne disions un mot de chacun des petits groupes qui, à côté de nos deux grands partis, occupent une place dans l'arène politique.

Nous commencerons par les socialistes, afin de déblayer le terrain et de ne laisser en présence que les autres groupes de nuances conservatrices ou libérales.

On ne meurt pas de faim en Roumanie, et cela fait le désespoir et aussi la faiblesse de nos socialistes. Pays à population très rare, le prolétariat y est inconnu, dans les villes comme dans les campagnes. La vie s'y gagne facilement, car la lutte pour l'existence n'a pas chez nous l'âpreté qu'elle revêt chez les peuples d'occident. En outre, l'esprit de charité et de commisération, comme dans toutes les sociétés jeunes, est très répandu.

Aussi le sol roumain est-il réfractaire à la culture socialiste, la seule importation, peut-être, qui n'y ait pas pris racine, malgré notre amour de l'imitation. C'est assez dire que les hardis réformateurs qui prétendent refondre l'œuvre de la Providence ne sont pas encombrants en Roumanie.

Cependant, sous le ministère junimiste, qui ne répudiait aucune alliance, afin de ne pas être à la merci du parti conservateur, le groupe socialiste avait acquis une certaine situation politique. Il avait réussi à envoyer trois représentants à la Chambre. Mais, sous le ministère Catargi, les choses rentrèrent dans leur ordre normal. Depuis, les socialistes n'ont qu'un seul porte-voix au Parlement, M. V. Mortzun, un ancien grand propriétaire, très généreux, d'ailleurs, qui a son collège plus ou moins assuré dans le district de Roman. M. Mortzun est un des rares hommes instruits du «club des travailleurs».

Du reste, les apôtres du socialisme roumain sont de mœurs douces. Cachent-ils leur jeu? Toujours est-il que, tout en se rattachant au socialisme international, par l'amour vague de l'humanité et tout particulièrement des déshérités, par la haine, la pitié, le mépris et autres sentiments contradictoires que leur inspire une société mal ébauchée, ils se présentent plutôt comme l'extrême gauche du parti libéral, sauf certaines revendications de rigueur, comme les Trois-Huit et l'argot qu'ils ont emprunté à leurs compagnons de l'étranger et qu'ils balbutient à peine.

Leur idéal politique est, pour le moment, le suffrage universel, dont ils sont les champions les plus inconscients. Comme réforme sociale, ils ont réclamé le repos du dimanche et dans cette campagne ils ont eu l'appui des commis de magasin. Le gouvernement de M. Aurelian, réduit à chercher des alliances comme autrefois le ministère junimiste, a eu la faiblesse de céder sur ce point et d'encourager en même temps, par une complaisance calculée, le mouvement en faveur du suffrage universel. On a vu des candidats officiels solliciter ou accepter dans les élections le concours des socialistes en s'engageant, en revanche, à soutenir au Parlement l'universalité du droit de vote. On a vu encore une motion tendant à l'introduction de cette réforme réunir à la Chambre 39 voix.

Heureusement, c'étaient là des succès éphémères dus à un laisser-aller déplorable du gouvernement. Dans tous les cas, quoique les socialistes forment et doivent former pendant très longtemps encore une quantité négligeable, on ne saurait assez réprouver toute complaisance administrative à leur égard.

Les groupes de nuances libérales sont celui de M. Fleva, qui a pris nettement position contre M. Stourdza, et celui de M. Aurelian, qui cherche encore sa voie. On comptait, en outre, jusqu'à ces derniers temps, comme groupe distinct d'origine libérale celui des radicaux, qui affichait un programme très avancé et très hardi, dans sa partie agraire notamment. Mais M. Pano, le chef de ce groupement, homme de grand sens et de grande valeur, se rendant compte de ce qu'une politique radicale a de risqué dans un pays qui n'a pas une expérience suffisante de la liberté, a fusionné avec le parti conservateur sans autre condition, quant aux principes, que l'adoption par ce dernier de la représentation des minorités. Le parti radical a donc cessé par là d'avoir une existence propre.

C'était pourtant la seule subdivision libérale basée sur une doctrine. Les autres reposent plutôt sur des ressentiments personnels. M. Fleva, il est vrai, a improvisé un programme libéral-démocrate, mais l'ancien ministre de l'intérieur, opposant éternel, ne recule devant rien—pas même devant un programme radical—pour satisfaire son penchant pour l'opposition. Ce qu'on peut dire de plus flatteur à son égard, c'est qu'il est un des rares survivants du vrai type libéral, pour lequel le gouvernement est l'ennemi. Il a, en effet, combattu tous les ministères, même celui dans lequel il a figuré comme ministre de l'intérieur. Oui, M. Fleva a fait de l'opposition au banc des ministres sur lequel il était assis.

Sous ce rapport, sa vie est d'une unité parfaite. Le « tribun » est logique dans ses contradictions, constant dans ses inconstances.

Quant à son groupe parlementaire, il se compose de quatre ou cinq amis. Hors du Parlement, il n'y a pas, à proprement parler, de flévistes. La popularité de M. Fleva a été, en effet, démesurément exagérée. Le « tribun » aime la rue, qui le fascine, mais il ne la possède pas. Ses succès en temps d'effervescence politique, il les doit aux troupes des conservateurs ou des libéraux, qui se servent de lui à tour de rôle. Il n'a pas de contingent propre. Il n'attire que les écoliers les jours de chômage scolaire. En 1888, après la chute du gouvernement libéral, trente mille hommes l'ont frénétiquement acclamé à sa sortie de la prison de Vacaresti. Ce n'était pourtant pas M. Fleva qu'on acclamait. On fêtait seulement le triomphe de l'opposition. M. Fleva a pu s'en convaincre quelques semaines plus tard, lorsque, aux élections communales de Bucarest, il ne réunissait qu'un nombre infime de voix. Cela ne l'a pourtant pas guéri de ses illusions. Il se croit toujours populaire et fait de l'opposition outrée.

Il n'en est pas de même de M. Aurelian. On dit qu'il a l'intention de former un groupe qui se composerait de ses anciens collaborateurs au gouvernement — sauf deux — et de quelques autres personnalités marquantes; on dit encore que ce groupe afficherait des idées très avancées. Mais, jusqu'à ce jour, ce sont là de simples conjectures. Le journal de l'ancien président du conseil a paru et le programme qu'il publie ne précise rien. Ce qui est certain, c'est que M. Aurelian et ses amis sont des libéraux mécontents. Finiront-ils par trouver un *modus vivendi* avec le cabinet Stourdza ? C'est probable. Mais, quoique timide et indécise, cette ébauche d'une nouvelle dissidence n'en laisse pas moins entrevoir un plus grand émiettement du parti national-libéral. M. Aurelian aspire, paraît-il, à jouer dans ce parti le rôle que M. Carp joue dans le parti conservateur.

Arrivons enfin au groupe de nuance conservatrice de M. Carp, que nous avons réservé pour la fin, parce qu'il a son histoire et qu'il n'est ¡pas sans intérêt de lui consacrer une page spéciale.

Nous avons déjà signalé dans les colonnes de l'*Indépendance Roumaine* le trouble que les junimistes jettent dans le parti conservateur. Ici, nous ne voulons pas faire de polémique; nous nous bornerons à envisager le rôle des junimistes par rapport à la fiction parlementaire.

Pendant que le pays traversait des épreuves difficiles, qu'un trône venait d'être renversé et qu'un autre était menacé du même sort, un groupe d'hommes, dont quelques-uns ne manquaient pas de talent, formaient à Iassi un cercle littéraire, «Junimea», qui se contentait de prendre la vie en riant. Les diverses manifestations politiques ou littéraires de notre société, jeune encore, dans laquelle le sentiment l'emportait sur l'observation, étaient dans ces réunions, où fleurissait l'anecdote, l'objet de plaisanteries faciles et quelque peu présomptueuses. Les membres de la *Junimea* planaient dans les sphères sereines de la pensée et se tenaient loin de toute action politique, sauf M. Carp, qui menait de front les affaires de l'Etat et ses occupations d'homme de lettres, consistant notamment dans la traduction des œuvres de Shakespeare.

Le ministère Catargi venait d'être appelé au pouvoir par le Prince Charles, après quatre années d'une mobilité gouvernementale excessive et pleine de dangers.

Lors d'un voyage de la Cour à Iassi, en 1871, M. Costa-Foro, ministre des affaires étrangères, qui accompagnait la famille princière, s'adressa aux membres les plus marquants du cercle junimiste, leur offrant des sièges au Parlement. L'offre fut acceptée et c'est à partir de cette date que les junimistes prirent part à la politique militante. Un certain nombre d'entre eux, parmi lesquels MM. Maïoresco, Carp et Théodore Rosetti, entrèrent dans la Chambre conservatrice.

Avaient-ils posé des conditions ? Apportaient-ils un programme d'idées ou avaient-ils adhéré au programme conservateur ? Nous ne connaissons aucun acte de nature à élucider ces questions. Ce qui est certain, c'est qu'ils débutaient dans la politique comme gouvernementaux.

Cependant, immédiatement après les élections, un grand nombre d'électeurs, partisans de la *Junimea,* adhéraient à une adresse aux Chambres dans laquelle on préconisait la modification de la Constitution dans un sens très restrictif. On trouvera aux annexes ce document, connu sous le nom de «pétition de Iassi» et qui, dit-on, a été rédigé par le prince Grégoire Stourdza, dont les opinions ont toujours oscillé entre les extrêmes. On remarquera que les députés du parti, parmi lesquels MM. V. Pogor, M. Kostaki, Jacques Negruzzi, T. Maïoresco. D. Korné, ont adhéré à la «tendance de la pétition» et qu'ils se sont engagés à la présenter aux Chambres. M. Carp ne figure pas parmi les signataires, pour la bonne raison qu'il remplissait à cette époque les fonctions d'agent diplomatique de Roumanie à Vienne et qu'il ne faisait pas encore partie des Corps législatifs.

Cette pétition résumait-elle la doctrine junimiste ? MM. Carp, Maïoresco, etc., le nient. D'ailleurs, elle n'a même pas été lue à la tribune du Parlement. Le gouvernement n'a pas trouvé opportun de soulever un débat aussi grave et les junimistes n'ont pas persisté. Dans tous les cas, c'était là une manifestation courageuse, que nous ne leur reprochons pas, d'autant moins que nous considérons comme salutaires bien des idées énoncées dans ce document, resté enterré dans les cartons de la Chambre.

C'est le seul acte d'idéalisme des junimistes dans le domaine de la politique et ils s'en défendent. Nous les verrons désormais se livrer à une politique réaliste, entièrement consacrée aux intérêts matériels. Les grandes questions, comme les questions nationales qui remuent la conscience roumaine, les laisseront froids; ils auront même le courage, comme M. Carp à Botoshani, de faire ouvertement bon marché de toutes les aspirations nationalistes. C'est ce que l'on a appelé une politique sans âme.

Mais cette conception matérialiste leur permettra d'être de tous les gouvernements. Ils avaient commencé par se rallier au ministère Catargi sans devenir conservateurs pour cela; plus tard, ils iront au gouvernement libéral sans devenir libéraux, pour revenir au parti conservateur quand celui-ci sera de nouveau appelé au gouvernail de l'Etat. C'est ainsi que depuis vingt-cinq ans les junimistes ont toujours été au pouvoir.

En 1888, par un concours de circonstances particulières, M. Théodore Rosetti fut nommé président du conseil et nous eûmes un cabinet junimiste pur, mais de courte durée. Entre temps, le groupe s'organisa plus solidement et prit les allures d'un parti. On improvisa un programme d'affaires qui, dans sa partie réalisable, n'impliquait aucune doctrine, et M. Carp déclara pompeusement que les amis de ses idées seraient ses amis. Comme le nom de junimiste n'indiquait pas de tendance politique, pas plus que le programme dont nous parlons, les opportunistes eurent le jeu facile. Ils passèrent au junimisme sans même avoir besoin de justifier leur évolution par une profession de foi, qu'on ne leur demandait d'ailleurs pas, et sachant, du reste, qu'ils pourraient en sortir aussi facilement qu'ils y étaient entrés.

En 1889, les junimistes prirent dans l'opposition le nom de «constitutionnels» et M. Carp en fit solen-

nellement la communication à la Chambre des députés.

Ce nom implique, certes, une idée politique, mais
tellement vague qu'elle peut trouver des adhérents
dans tous les partis, car tous se meuvent dans le
cadre de la Constitution de 1866, à laquelle, soit
dit en passant, les junimistes n'ont pas collaboré.

Le choix qu'ils ont fait de l'étiquette constitutionnelle est caractéristique. Il marque chez eux un
esprit utilitaire que l'*Indépendance Roumaine* a mis
en relief, un jour, en établissant un parallèle entre
la guerre franche que la *Junimea* avait livrée au
mensonge dans la littérature et la cour hypocrite
qu'elle fait au mensonge dans la politique.

Tout le monde en Roumanie se rend compte, en
effet, de la valeur de notre Constitution, du moins
en ce qui concerne le principe de la souveraineté
nationale qui y est proclamé. Les junimistes ne
l'ignorent pas non plus, mais tandis que les «naïfs»
font ces tristes constatations, soit pour réveiller la
conscience constitutionnelle du peuple, soit pour
dénoncer une fiction néfaste, eux, les junimistes, en
profitent. Ils la rendent par là même, il est vrai, plus
impopulaire et, à ce point de vue, ils sont pour nous
des collaborateurs précieux, car notre but consiste
précisément à discréditer le leurre parlementaire.
L'hypocrisie de leur procédé n'en reste pas moins
antipathique. Considérés, en effet, en dehors du
parti conservateur, dans leur existence propre de
groupe distinct, ils sont la négation même du prin-

cipe parlementaire, puisqu'ils prétendent gouverner comme de simples individualités, sans parti, dans le sens politique de ce mot, s'appuyant sur un seul facteur de l'Etat. C'est pourtant la désignation de «constitutionnels» qu'ils ont adoptée.

Cette tactique rend le groupe «constitutionnel» moins intéressant que ne l'a été la *Junimea*, école littéraire qui a fait une guerre à mort à toutes les superfluités et à toutes les exagérations dans notre littérature. En politique, au lieu de dénoncer la fiction, les junimistes en font pour le moment la raison de leur existence et un moyen de prospérité pour leur groupe politique. Ils contribuent ainsi quand même à la discréditer, mais sans aucun enseignement utile pour le pays.

Nous retrouvons dans ce procédé la sécheresse qui caractérise l'action junimiste.

En résumé, le groupe constitutionnel est celui qui, de toutes nos formations politiques, s'impose le moins de sacrifices et tire le plus de profit du système en vigueur. Les autres partis luttent et souffrent ; ils ont leurs martyrs, leurs morts et leurs blessés; les junimistes, eux, se déclarent constitutionnels et se contentent d'évoluer.

VIII

LA DÉSAGRÉGATION DES PARTIS

Nous né saurions clore ce chapitre, pourtant déjà si volumineux, de nos partis politiques, sans insister encore sur ce qu'il y a de conventionnel, de fictif et de fragile dans leur constitution.

Nous constations dans nos précédents articles l'absence de cet ensemble de principes, de préférences et d'intérêts immatériels qui groupent les hommes en partis politiques, comme la foi commune les réunit dans une même religion et établit entre eux un lien moral tout aussi indissoluble que le lien du sang.

Ce manque de convictions a produit des groupements de rencontre, qui, au fond, n'ont rien de politique. Cela dénote un état d'infériorité de l'esprit public en Roumanie, car chaque peuple a les partis qu'il mérite, c'est-à-dire ceux qu'il est capable de produire, tant il est vrai que les phénomènes sociaux s'expliquent et se justifient les uns par les autres.

Nous sommes, certes, loin de nous réjouir de cette triste situation. Nous voudrions, au contraire, que la réalité fût propice au fonctionnement utile du gouvernement des partis, qui serait évidemment la forme idéale, si son principe pouvait recevoir une application honnête et sincère.

Mais les faits sont là, indéniables, et nous devons avoir le courage d'en tenir compte, au lieu de nous payer de mots et d'entretenir indéfiniment le culte d'une fiction, quelque séduisante qu'elle soit.

D'ailleurs, quoi qu'on fasse, il est difficile de ne pas reconnaître que nos partis sont entrés dans la phase de décomposition. La vérité est qu'ils se désagrègent à vue d'œil; ils s'écroulent comme un château de cartes. La mort donne aussi son lugubre concours à ce travail de destruction en fauchant, les unes après les autres, nos grandes figures politiques, les hommes de haute envergure qui incarnaient, à eux seuls, un parti.

Tout concourt à l'effondrement de l'édifice parlementaire et la désagrégation de nos partis n'est pas le symptôme le moins révélateur de ce procès de décomposition.

Si nous n'avons jamais possédé en Roumanie des groupements politiques absolument dignes du nom de partis, sauf peut-être à la grande époque des *Divans ad hoc*, nous en avons au moins eu l'organisation extérieure, des chefs et des soldats obéissant à une discipline sévère, se battant et souffrant pour le drapeau. Le parti libéral, notamment, à donné l'exemple d'une armée parfaitement compacte, marchant sans hésitation sous les ordres d'un chef universellement obéi. Il n'y avait pas, à cette époque-là, des groupes intermédiaires ou auxiliaires, point de petites églises à côté où l'on eût brûlé un encens destiné à obscurcir l'atmosphère politique.

Mais cela ne pouvait pas durer, car les formations artificielles, toutes d'apparence, ne peuvent avoir qu'une existence éphémère.

Déjà à partir de 1883, les uns après les autres, des personnages marquants commençaient à faire le vide autour de Jean Bratiano et on pouvait se demander de quel côté se trouvait le parti libéral, alors que des hommes comme Kogalniceano, Dém. Bratiano, C. A. Rosetti, G. Vernesco, Fleva, etc., prétendaient être les seuls détenteurs du véritable drapeau du libéralisme, que, selon eux, Jean Bratiano avait laissé tomber des mains.

Les conservateurs n'avaient pas été plus heureux. Après les premières défections, qui s'étaient produites pendant la dernière année du cabinet Catargi, de 1875 à 1876, ils ont été éprouvés en 1881 par la dissidence junimiste.

L'équivoque, prodrome d'une prochaine décomposition, faisait ainsi son entrée sur notre scène politique. C'était la manifestation maladive d'un organisme profondément vicié. Désormais, nous aurons le règne de l'équivoque, qui démontrera aux moins clairvoyants l'état de dépérissement de nos partis.

En 1888, après une campagne qui avait eu le plus grand retentissement dans l'opinion publique, aucun des groupes de l'opposition-unie ne se trouvait être assez fort pour prendre le gouvernement. Il échut à une fraction conservatrice: les junimistes, qui s'étaient tenus loin des luttes politiques. C'était l'équivoque installée au pouvoir, car le gouvernement de M. Théodore Rosetti se disait conservateur, tout en étant junimiste, c'est-à-dire tout en répudiant le parti dont il se réclamait. Il a fallu à cette époque que la Couronne intervînt de la façon la plus active pour amener un rapprochement entre les deux fractions du parti conservateur, pour l'aider à retrouver l'équilibre et à fournir ainsi quelques années de gouvernement.

On pouvait cependant croire que le junimisme était une infirmité conservatrice. On a vu que c'est un mal endémique, comme les fièvres paludéennes dans l'ordre physique. L'équivoque libérale est, en effet, plus profonde, plus téméraire et, pour le moins, tout aussi irrémédiable que l'équivoque conservatrice. Quels que soient les arrangements du moment en vue du partage du gouvernement, pendant un délai fixé d'avance, paraît-il, le parti libéral restera divisé par des influences rivales, résultant de compétitions personnelles. C'est encore dans la Couronne que les libéraux à leur tour, après avoir reçu de ses mains le pouvoir qu'ils ne pouvaient pas atteindre par les voies constitutionnelles, chercheront un appui pour ne pas le perdre avant l'heure.

Voilà quant au présent. Qu'arrivera-t-il demain?

Le mal ira grandissant. Après l'imbroglio libéral, nous aurons de nouveau la confusion conservatrice, et ainsi de suite, si nous n'avons pas le courage de nous ressaisir et de mettre le holà à ce désordre général, qui provoque un danger public.

En réalité, nous n'avons plus de partis et, chose plus grave, nous ne pouvons pas en avoir, comme nous espérons le prouver plus loin. Ce que nous avons, ce sont des groupes qui agissent dans les coulisses, intriguent et guerroient pour établir leur prépondérance. Ce n'est pas la lutte fertile des idées, mais bien la rivalité mesquine des compétitions ministérielles. Nous avons des fractions, ou, à vrai dire, des factions, qui placent l'égoïsme de coterie au-dessus de l'intérêt général.

A quoi tient cette décadence de nos partis politiques ? Faut-il l'attribuer aux fautes des hommes ? Ce serait s'arrêter à la surface des choses. Le mal est plus profond. C'est que notre organisme politique est le produit artificiel d'un travail législatif et non pas l'œuvre du temps—et le temps, on l'a dit, ne respecte pas ce qui est fait sans lui.

Le droit a malheureusement précédé le fait au lieu de le suivre et notre vie politique manque ainsi de vérité et de tout fondement moral.

La forme parlementaire, c'est-à-dire le gouvernement du peuple par le peuple groupé en partis, généralement en deux grands partis, repose, pour ainsi dire, sur l'impersonnalité des citoyens, sur leur attachement à la chose publique, faite de la

somme des sacrifices individuels. Ce désintéresse-
ment, l'éducation seule le donne par un travail séculaire. Dans tous les pays, l'appel des masses aux
libertés publiques a été le signal du déchaînement
des appétits. Chez nous, plus que chez les peuples
à vieille civilisation, la politique a été considérée
comme un moyen de lucre et de prospérité matérielle. Comme nous l'avons dit à une autre place,
nos partis ne sont que des associations qui, à tour
de rôle, exploitent, plus ou moins, les services de
l'Etat à leur profit exclusif. Le partage du butin
est le prix des dévouements.

Avec cette soif générale de jouissance, il ne
saurait exister, on le comprend, des partis dans
le sens noble de ce mot.

Il faudrait donc, avant tout, songer à préparer la
régénération morale de la nation politique.

Les conservateurs, nous le savons, tentent d'honorables efforts en vue de cette œuvre d'assainissement. Mais comment obtenir ce résultat par
la politique de parti, qui est précisément la source
du mal? C'est vouloir guérir l'immoralité par l'immoralité même. Ce procédé homéopathique serait,
dans tous les cas, long et incertain. Pour procéder
systématiquement, il faut, avant tout, mettre un
terme à la fiction dont s'alimente l'esprit sectaire,
c'est-à-dire la politique de parti.

Aussi, malgré l'aversion que nous inspirent certains procédés employés par les dissidents, voyons-

nous avec satisfaction, dans la désagrégation des partis, un acheminement vers une vie politique plus vraie et plus saine.

Mais ce fractionnement même de nos partis prouve qu'ils ne sont pas nécessaires, car, s'ils l'étaient, ils ne s'émietteraient pas.

Le progrès politique résultera précisément de la décadence des partis. Quand les groupes se seront multipliés et qu'aucun ne sera plus assez fort pour accaparer le pouvoir, le gouvernement parlementaire, si cruel et si immoral dans son exclusivisme, aura cessé par la force des choses. Les individualités seules compteront et, délivrées de la tyrannie des clientèles, elles pourront être appelées au pouvoir en dehors de toute considération de parti. C'est ainsi que toutes les forces vives de la nation, toutes les énergies, tous les talents et toutes les aptitudes se rencontreront dans un labeur commun, en vue de moraliser nos mœurs politiques et administratives et de diriger l'esprit public vers un idéal plus élevé.

Quand on pense qu'un Alexandre Lahovary a été réduit à l'inaction pendant douze années pour le motif frivole qu'il n'était pas libéral, on ne trouve pas de termes assez sévères pour la condamnation de ces distinctions absurdes et fallacieuses, qui ne répondent à aucune réalité. Que de services n'aurait pas rendus au pays cet homme éminent à l'occasion des grands événements qui ont signalé le gouvernement de Jean Bratiano? Et ce que nous disons d'Alexandre Lahovary est vrai aussi d'autres hommes remarquables, comme Pierre Mavrogeny, le général Floresco, etc., pour ne parler que de ceux qui ne sont plus parmi nous. Il y a aussi des éléments de valeur dans le parti libéral; faudra-t-il que le parti conservateur, arrivé à son tour au pouvoir, prive l'Etat de leur concours? Il vaut mieux que le pays soit à la nation que d'appartenir à des fractions.

Ce résultat, nous ne saurions assez insister sur ce point, pourrait être obtenu par l'entente spontanée des partis. On y arrivera nécessairement, par suite des excès mêmes de ces partis et de leur décomposition, mais le chemin à parcourir sera plus long et difficile. On aura à surmonter plus d'une crise avant d'en franchir la dernière étape.

Voilà pourquoi il est à désirer que nos hommes politiques se coalisent pour mettre plus tôt un terme au gouvernement des partis, c'est-à-dire à la monstrueuse politique de club.

On a dit que n'appartenir à aucun groupe n'est nullement une vertu civique, mais cela ne peut être vrai que des Etats politiquement et moralement sains. Quand, au contraire, l'organisme est malade, quand un esprit malsain agite la vie publique, il y a quelque chose de mieux à faire que de s'enrégimenter: c'est de dénoncer le mal et de le combattre.

Pour notre part, ce devoir nous voulons le remplir jusqu'au bout.

IX

LA PRESSE

La Presse roumaine est surtout une presse de
parti. Chacun de nos grands groupements politiques a généralement dans la capitale un seul organe quand il est au pouvoir et deux — dont un
est officieux en titre — dans l'opposition. Par-ci,
par-là, il a encore à sa disposition quelque petite
feuille intermittente et éphémère en province. Les
groupes secondaires: junimistes, libéraux-démo-
crates, socialistes, se contentent d'un seul organe. Ainsi, chaque journal est classé, étiqueté,
enrégimenté.

Le vrai journal, dans le sens anglais, qui informe
et éclaire le lecteur ou qui exprime le sentiment
général sur les choses de la politique, n'existe pas
en Roumanie. S'il y a une feuille indépendante
qui n'appartienne pas, à proprement parler, à un
parti, elle a un parti-pris. Elle est antidynastique
ou autre chose de tout aussi peu édifiant et se
met au service d'intérêts souvent inavouables.

Les journaux de parti vivent en dehors de l'o-
pinion publique, à laquelle, d'ailleurs, ils ne demandent rien, pas même leurs moyens d'existence. Ce
sont les clubs qui se chargent de leur entretien

en temps d'opposition. Quand le parti se trouve au pouvoir, il y a l'annonce officielle ou certains fonds — dont l'emploi est à la discrétion des ministres — qui suppléent aux cotisations des membres. Aussi est-il défendu à l'écrivain officieux d'avoir des opinions et des inspirations propres. Il prend le mot d'ordre de ses bailleurs de fonds et n'écrit que ce qui cadre avec l'intérêt du moment. Il ignore les faits, quand il le faut. Si une crise sévit dans son parti, s'il y a des interpellations au Parlement, des réunions des majorités parlementaires, des démissions isolées de ministres, le journal officieux garde un silence absolu, comme si de rien n'était. Il se peut, en effet, que les choses finissent par s'arranger et alors à quoi bon avoir inutilement initié les lecteurs aux secrets du ménage? Cette discipline est surtout observée dans les feuilles libérales; les journaux conservateurs sont un peu plus libres d'allures, pas trop, pourtant.

A côté de la tâche de taire certaines choses, le journal officieux en a encore une, non moins ingrate: celle d'en dire d'autres qu'on s'interdit au Parlement. Ses colonnes sont toutes grandes ouvertes à la diffamation et à la calomnie destinées à discréditer l'adversaire. Tout ce qu'il y a de haines, de violences, de mauvaise foi et de vilaines passions dans la politique des partis s'y donne libre cours, car l'article est souvent anonyme et l'information l'est toujours.

Il arrive pourtant aussi que la presse discute

les propositions ou les réformes à l'ordre du jour, mais ce n'est là qu'une mission subsidiaire. Nos hommes politiques ont rarement recours aux services de la presse pour préparer l'opinion en vue d'une réforme. Les journaux n'ont à s'en occuper qu'après coup, lorsque la discussion est déjà engagée au Parlement. Cela s'explique, en définitive, dans un pays où les candidats n'éprouvent même pas le besoin de faire une profession de foi devant leurs électeurs.

L'*Indépendance Roumaine* n'a jamais été officieuse dans ce sens là, bien qu'elle ait été un organe conservateur militant. Elle a quelquefois eu le bonheur de voir aboutir ses solutions et ses opinions ; elle a accepté celles des autres qui lui semblaient bonnes, mais elle n'a jamais reçu le mot d'ordre de qui que ce soit. Tirant son crédit uniquement de l'opinion de ses lecteurs, elle ne s'est jamais asservie, gardant, au contraire, son entière liberté d'action, toujours et en toute circonstance. Est-ce à dire qu'elle n'ait jamais commis de fautes ? Seuls ceux qui ne font rien ne se trompent jamais. Entraînée par ses sympathies pour les uns et ses antipathies pour les autres, sous l'influence des passions politiques, elle a pu commettre des écarts. Elle s'en repent aujourd'hui. Se rendant mieux compte de la vraie mission d'un journal, elle reste attachée à ses convictions conservatrices, sans épouser pour cela toutes les querelles et partager les préjugés d'un parti, quel qu'il soit.

Cette politique impartiale lui crée une situation difficile au milieu de la classification si sévère, non pas des principes, mais des intérêts de nos partis. Qu'importe ! Toute fausse modestie à part, l'*Indépendance Roumaine* a créé «le journal» en Roumanie. Elle réussira, finalement, à acclimater le journal impartial, dans lequel la réalité remplace la fiction et la vérité le mensonge. D'ailleurs, nous ne nous exagérons pas notre mérite. La langue, universellement lue, dans laquelle nous écrivons nous impose plus de prudence. Nous sommes tenu plus que nos confrères rédigés en roumain de nous soustraire à la passion des partis, car nos entraînements pourraient nuire au crédit du pays au dehors. C'est pour cela que dans les affaires étrangères, notamment, nous sommes moins prompts à accuser. Nous préférons contrôler nos informations à la source la plus autorisée, et être mis au courant des faits, alors même que le pouvoir est exercé par les libéraux.

Cette confession, qui n'aura pas été inutile, nous a pourtant un peu éloigné de notre sujet. Nous nous empressons d'y revenir.

Son caractère d'instrument de parti enlève à notre presse toute influence et toute considération auprès des lecteurs intelligents, qui retrouvent dans les journaux l'image désolée de notre vie publique, si tourmentée et pourtant si vide et si fictive. Cela explique aussi pourquoi la carrière du journalisme, difficile et noble entre toutes, exerce si peu d'attraction sur les esprits d'élite.

Ce qui contribue encore à nuire à notre presse, c'est l'abus qu'elle fait de la liberté illimitée que lui garantit la Constitution. Les excès auxquels elle se livre achèvent de détruire son autorité et éloignent d'elle tous les suffrages éclairés. Mais ce mauvais usage de ses prérogatives présente un autre inconvénient, tout aussi grave. Pour les lecteurs qui ne pensent pas par eux-mêmes, la presse est, dans ces conditions, une école des plus pernicieuses. Elle fausse le jugement des masses, réveille ses mauvais instincts, les trompe souvent sur leurs propres intérêts. Citer des exemples serait vouloir refaire l'histoire de la Roumanie, depuis la fondation du *Romanul*, tout au moins.

Nous ne savons si cette liberté est un mal nécessaire, comme d'aucuns le prétendent. Peut-être dans un pays jeune comme le nôtre, où le discernement politique est encore rudimentaire et le sens de la responsabilité tout aussi peu développé, peut-être eût-il été utile d'établir des garanties en vue, non seulement de réprimer les abus, mais aussi de les prévenir. C'est pourtant le système contraire qui a prévalu.

On a pensé que la presse, comme la lance d'Achille, guérit elle-même les blessures qu'elle a produites. Cependant, cette théorie est fausse du tout au tout. Pour que, en effet, un journal paralyse le mal fait par un confrère, il faudrait que tous les journaux eussent exactement le même tirage, s'adressassent aux mêmes lecteurs et fussent également compris et crus. Est-il besoin de dire que cette identité de conditions ne se produit jamais? On a bien vu comment, dernièrement, le public, affolé par certaines nouvelles alarmantes, s'est précipité aux guichets de la Caisse d'épargne, chacun cherchant à retirer son dépôt avant l'autre. C'est une certaine presse, à l'affût de la nouvelle à sensation, qui avait produit ce mouvement. Les autres journaux n'ont pu l'arrêter.

On pousse, malgré cela, si loin la superstition de cette liberté—et les gouvernements s'en font une gloire—que, en temps de guerre même, on se garde bien d'y apporter la moindre restriction. On devine tout le mal qui peut en résulter.

L'exemple suivant, pris entre mille, en dit long à ce sujet: Pendant la guerre de l'Indépendance, des officiers roumains avaient écrit à des parents que le tir de l'artillerie turque était défectueux, que les obus tombaient beaucoup plus près que le point visé, ce qui rendait leur explosion inoffensive. Cette information fit aussitôt le tour de la presse. L'ennemi, informé, corrigea le défaut signalé et ses obus tombèrent depuis au milieu de nos troupes. Qui nous dira combien d'existences humaines a coûté cette indiscrétion de nos journaux ?

Bref, que la liberté absolue de la presse soit, oui ou non, une nécessité inéluctable, que, par leur multiplicité, les journaux se corrigent mutuellement oui ou non, cette conception libérale et démocratique, suivant laquelle le journaliste qui peut empoisonner l'âme doit être laissé plus libre dans son action que le médecin ou le pharmacien qui peut tuer le corps seulement, cette conception, disons-nous, est la moins soucieuse du prestige de la presse, bien qu'elle découle d'un sentiment d'admiration illimitée pour «le quatrième pouvoir de l'Etat». Avec ce système du laisser-faire, laisser-dire, la presse politique est condamnée à une déchéance certaine, car, malheureusement, ils ne sont pas nombreux les journalistes assez pénétrés du sentiment de la dignité professionnelle pour éviter les excès, mûs seulement par la crainte de ne pas souiller leur plume.

Quoi qu'il en soit, en admettant que l'on puisse discuter sur la question de savoir si nos législateurs ont été bien ou mal inspirés en enlevant toute entrave au droit de fonder un journal ou d'y écrire, on ne saurait, dans aucun cas, accepter que l'impunité soit assurée à l'écrivain. C'est ce qui arrive pourtant chez nous. Le principe de la responsabilité a été admis, il est vrai, mais la connaissance des délits de presse — sauf ceux commis contre la Famille royale et les Souverains étrangers — a été déférée à la cour d'assises, ce qui aboutit à une impunité de fait, car le jury acquitte toujours. Est-ce peut-être pour cela que tous les

gouvernements se font un point d'amour-propre
de ne pas intenter des procès de presse, pour té-
moigner ainsi, soi-disant, de leurs sentiments libéraux? Mais, de quelque façon qu'on l'explique, cette
tolérance, de part et d'autre, s'exerce au détriment
de l'intérêt social, qui veut que tout crime soit
puni, et aussi au détriment de la presse elle-même,
que cette irresponsabilité avilit. De tous les systèmes, celui de l'impunité est le plus perfide, le
plus préjudiciable au prestige de la presse.

Il y a de bons esprits qui ne partagent pas absolument cette manière de voir. Les journaux,
pensent-ils, sont en Roumanie la dernière citadelle
de l'opinion publique. Alors que l'opposition ne peut
plus pénétrer au Parlement, il reste au moins la
presse aux hommes indépendants pour contrôler
les actes de l'administration, pour dénoncer ses
excès et souvent même pour empêcher que le mal
soit consommé. Aussi vaut-il mieux, selon eux,
laisser l'autorité désarmée, la réduire à l'impuissance
que d'exposer la presse à une répression qui abou-
tirait à son anéantissement.

Les partisans de cette théorie se trompent. La
presse peut accomplir sa noble mission tout en
répondant de ses actes, alors même qu'elle courrait
le risque d'une condamnation injuste. C'est à cette
condition, ajouterons-nous, qu'elle peut acquérir l'autorité solennelle d'un sacerdoce. Est-ce que la législation draconienne qui a existé en Angleterre
y a tué la presse? Elle a, au contraire, contribué

à établir sa puissance, à lui faire atteindre un développement et une influence qu'elle n'a peut-être atteint dans aucun pays du monde.

Les abus de l'autorité ne parviendront pas à supprimer le journal qui remplit dignement son devoir. L'application arbitraire de la loi soulèvera l'indignation publique; les bourses s'ouvriront d'elles-mêmes; les amendes seront payées sans que le journal se ruine et, à la place de l'écrivain injustement emprisonné, dix autres surgiront pour continuer la lutte. Dans ce cas, la répression devient inutile, dira-t-on. Non pas. Si le sentiment de la responsabilité stimule l'énergie des hommes qui combattent pour une idée, la peur de la prison découragera les mercenaires, les maîtres chanteurs, les pirates de la plume, qui chercheront un autre métier, moins noble, mais, aussi, moins dangereux.

D'ailleurs, ne l'oublions pas, la liberté vraie, celle qui est garantie non seulement par la loi, mais, surtout, par la conscience de chacun, s'acquiert au prix de durs sacrifices. Nous préférerions les abus qu'un gouvernement pourrait faire d'une loi établissant la responsabilité réelle de l'homme qui a l'honneur de tenir une plume de journaliste, au laisser-aller de l'heure actuelle, à cette tolérance méprisante, que l'on ne rencontre peut-être dans aucun pays, qui amollit et déprave les caractères. Aussi la juridiction des tribunaux ordinaires en matière de délits de presse est-elle loin de nous effrayer. Il faut un levain à notre société politique, et ce ferment salutaire réside dans

l'affirmation courageuse de l'autorité, qui, aujour-
d'hui, est effacée sur toute la ligne ; il la faut même avec le risque de l'arbitraire auquel elle peut
se livrer.

Sous la loi en vigueur, notre presse, vivant dans la
plupart des cas à la remorque des partis et des groupes politiques — jouissant d'une liberté qui lui permet
de commettre tous les excès sans encourir une responsabilité quelconque, n'est pas, d'une façon normale, à la hauteur de sa tâche. Discréditée aux yeux
des hommes qui pensent, elle n'est qu'une fiction,
parfois nuisible, comme le régime parlementaire d'où
elle tire son origine. C'est à ce titre qu'elle trouve
une place dans cette étude destinée à faire ressortir
ce qu'il y a d'artificiel et de malade dans notre
organisme politique.

X

LE RÈGNE DES AVOCATS

«L'Allemagne n'est pas assez riche pour se payer un gouvernement parlementaire», a dit un jour le Prince de Bismarck.

«Il faut avoir quarante mille livres de rente pour faire de la politique», a répété M. P. P. Carp, avec qui nous nous rencontrons sur quelques-unes de ses anciennes idées.

L'observation est juste. Plus on a de revenus, mieux cela vaut. Quand on ne les a pas, on se les crée par la politique et alors cette carrière, qui, dans son principe, est essentiellement aristocratique, devient un métier comme un autre. Le politicien remplace l'homme politique et le mercenaire se substitue au journaliste. Il y a heureusement des exceptions — chacun de nous croit en être la preuve — mais la remarque que nous venons de citer n'en reste pas moins vraie.

Faire de la politique, c'est se consacrer au bien public, c'est faire un sacrifice au profit de la communauté. Dans l'opposition contre un gouvernement mauvais, c'est combattre pour la justice et la liberté, c'est affronter la persécution, la prison, l'exil, la mort peut-être. Et quand cette campagne généreuse a abouti et que la possession du pouvoir est enfin la récompense de vos efforts, c'est cette récompense même qui exige de nouveaux sacrifices. Succès oblige. Une fois au gouvernail de l'Etat, il n'y a plus ni trève ni repos. Vous devez consacrer au pays toutes les ressources de votre cœur et de votre intelligence, tout votre temps et toutes vos forces. Il faut tout donner à la politique, sans jamais rien lui demander, sans y puiser autre chose que cet orgueil moral que procurent l'abnégation et l'accomplissement d'un haut devoir.

Comment remplir cette noble tâche, un sacerdoce dans le vrai sens du mot, si on n'est pas soustrait aux soucis vulgaires de la vie matérielle?

L'époque où cette conception aristocratique prévalait encore, où la direction de l'Etat était le lot des *boyards*, c'est-à-dire des gens à rentes, est aussi la plus belle, la plus féconde de la politique roumaine. Elle remonte à l'*Obsteasca adunare,* tout au moins aux *Divans ad hoc,* où les mandataires de la nation n'étaient point indemnisés, ne recevaient pas 25 francs par jour pour le temps qu'ils consacraient aux affaires du pays. La politique a suivi une marche descendante depuis qu'elle s'est démocratisée, depuis qu'elle a été envahie par ceux qui ont besoin de cette indemnité de vingt-cinq francs et qui ne s'en contentent pas. D'après la théorie démocratique, en effet, la politique n'impose aucun renoncement. Elle paie, au contraire, largement ceux qui l'embrassent. Elle donne les honneurs et même la fortune. Elle forme une carrière facile, nous allions dire frivole, et très lucrative à la fois, car, à la rigueur, elle n'exige aucune préparation et ses largesses ne connaissent souvent pas de bornes. Pour les meilleurs, les plus honnêtes, pour ceux qui exercent avec succès une profession quelconque, si la politique n'est pas un gagne-pain, elle n'est plus qu'une occupation secondaire. *Primo vivere deindè philosophari.*

Est-ce peut-être pour cela que Jean Bratiano, comprenant la corrélation intime qui existe entre la marche des affaires publiques et l'état de fortune de ceux qui les conduisent, a dit aux siens: «Enrichissez-vous» ? A-t-il voulu préparer des temps meilleurs en généralisant la richesse, créer ainsi une aristocratie bourgeoise pour augmenter à l'avenir le nombre de ceux qui pourraient se vouer entièrement et d'une façon désintéressée au service de l'Etat? Mais avec la démocratisation de la politique, l'accès en étant ouvert à tous, toutes les couches sociales cherchent à s'enrichir à leur tour; après les partisans de Jean Bratiano, ce sont ceux de M. Fleva, ce sont les compagnons de M. I. Nadejde, c'est tout le monde. Là est le danger. Combien les choses iraient mieux si l'on disposait de rentes avant d'entrer dans la carrière au lieu d'en avoir, *enfin,* au moment d'en sortir.

Cependant, cette évolution était inévitable. Le système représentatif et parlementaire, sorti de la

réaction outrée contre un despotisme abusif, devait forcément amener la participation du plus grand nombre à la chose publique.

Il convient d'ajouter que ce sont les avocats qui ont tiré les plus grands avantages de cette nouvelle situation. Il était, en effet, naturel que cette transformation du mécanisme de l'Etat aboutît notamment au profit de ceux qui savent manier la grande arme de la politique moderne: la parole. Dans un régime parlementaire, il faut, avant tout, savoir parler. Cela tient lieu d'idées, de connaissances et de travail.

Aussi, à tout prendre, la conquête la plus indiscutable de la démocratie se résume-t-elle pour le moment dans la toute-puissance des avocats. Le monde leur appartient, ils y règnent en maîtres. Le XIX e siècle, étrange contraste, est à la fois le siècle de l'électricité et le siècle des bavards, deux forces contradictoires, poursuivant des buts opposés, la première cherchant à faire gagner du temps, la seconde à en faire perdre le plus possible.

Le barreau est la première étape dans la vie publique. Après trois ans d'une maigre préparation juridique, qui de toutes les études est la plus sèche, la plus banale, une fois entré dans la corporation, on acquiert tous les dons et toutes les aptitudes. C'est, paraît-il, en plaidant le pour et le contre qu'on arrive à tout savoir et à tout pouvoir.

C'est dans le barreau que se recrutent, dans les républiques, les chefs d'Etat, dans les monarchies, les chefs de gouvernement et, dans tous les pays parlementaires, les diplomates, les ministres, les hauts dignitaires, en un mot tout cet immense personnel qu'exige la multiplicité des rouages de l'Etat moderne.

Le même avocat «excelle» au ministère des domaines, comme aux travaux publics, comme à la justice, comme aux affaires étrangères et, dans certains pays, même à la guerre ou à la marine. Il est omniscient; il n'y a plus de secrets pour lui; il est versé dans toutes les spécialités et aucune difficulté ne l'arrête. Les hommes qui possèdent des études spéciales ne sont que des sous-ordres; ils reçoivent l'impulsion de l'avocat, qui dirige tout

Mais quand ils n'ont pas de fortune, et c'est le cas de presque tous, les avocats sont obligés de plaider; ils se doivent, avant tout, à leurs procès et alors combien leur reste-t-il de temps — nous parlons de ceux dont on fait des ministres — pour étudier les graves problèmes sociaux, politiques, financiers ou administratifs qu'ils sont appelés à résoudre dans leur carrière politique? Ils y suppléent par l'intuition, par cet esprit de divination propre au génie, quand toutefois ils en ont. Donc, comme nous le faisions remarquer plus haut, les sujets les plus méritants, les meilleurs, se trouvent dans un état d'infériorité évident vis-à-vis des hommes politiques qui, disposant de rentes, peuvent se donner sans partage à la politique.

Quant à l'avocat sans fortune et sans causes, la

politique est pour lui un métier à qui il demande les moyens d'existence, de l'existence la plus large, cela va sans dire. On le voit, tantôt député ou sénateur, tantôt préfet de district, tantôt procureur, président de tribunal, préfet de police, directeur de la régie des tabacs, secrétaire général d'un ministère. Il possède la même universalité de connaissances pour tenir les seconds rôles, comme l'avocat éminent pour les premiers. Quand le hasard le favorise, on le voit parfois au banc des ministres. Nous en avons eu des exemples et il semble que nous soyons condamnés à en avoir de plus en plus, car la production nationale en fait d'hommes de valeur devient tout à fait insuffisante.

On comprend, dans ces conditions, le discrédit dans lequel est tombée la politique et tout le préjudice qui en résulte pour le pays. Etre riche, c'est énorme, non pas parce qu'on a de l'argent, mais parce qu'on n'a pas besoin d'en gagner. Cela fait éviter des contacts compromettants et permet un dévouement de toutes les heures à la chose publique, soit que l'on exerce le pouvoir, soit que l'on se trouve hors du gouvernement. C'est apparemment aussi pour cela que le régime parlementaire fonctionne mieux que partout ailleurs en Angleterre, le pays le plus riche du monde.

Mais, en outre de cet inconvénient, le règne des avocats en engendre un autre, peut-être plus grave encore. Nous n'ignorons certes pas la place considérable qu'a tenue le barreau chez tous les peuples, depuis l'antiquité jusqu'à nos jours. Chez les Romains et aux temps modernes, en Angleterre, en France, aux Etats-Unis, le barreau a produit de grands orateurs et de grands hommes d'Etat. Mais il y a le revers de la médaille. Si le barreau a ses gloires et ses hommes illustres, il n'en est pas moins vrai que, pour la plupart des cas, ce sont les intelligences subtiles, mais superficielles, incapables d'un labeur concentré, qui s'y vouent. Il est également certain que les nécessités de la profession même conduisent l'avocat au mépris de la vérité. Ce qui lui importe, et c'est en cela que consiste sa mission, c'est de faire triompher la cause qu'il a acceptée, sans se demander de quel côté est le droit. Il est demandeur ou défendeur, suivant les caprices du client ou du hasard. Il plaide le pour et le contre, souvent même de bonne foi, car son intelligence s'est faite au métier, il a l'esprit de son emploi et, naturellement, sans effort, il n'envisage «l'affaire» qu'au point de vue qui lui convient.

Cette habitude, cette fâcheuse infirmité d'esprit, il l'apporte également dans les affaires publiques. La cause qu'il embrasse est pour lui un procès. De là l'astuce, la superficialité, la mystification et aussi la vulgarité dont est faite la politique, car, de tous les défauts moraux, le mensonge est celui qui avilit le plus profondément la personnalité humaine.

Ce vice essentiel de l'avocat corrompt toutes les manifestations de la vie publique; il leur imprime je ne sais quelle marque de bassesse qui blesse les consciences délicates et les éloigne de la politique en leur inspirant une irrémédiable méfiance. Et cela s'explique. Dans les questions souvent si graves du gouvernement des peuples, chacun de nous éprouve le besoin de connaître l'opinion de ceux qui dirigent les destinées du pays, soit dans l'opposition, soit au gouvernement. Mais nous demandons une impression sincère, honnête, lumineuse, étincelle divine qui jaillit du feu sacré que Dieu a mis dans les âmes d'élite. Au lieu de cela, nous avons devant nous un avocat qui s'attache à étourdir ses juges. Que nous font le talent, les belles phrases, le raisonnement puissant, quand la foi manque?

Si la politique est, comme on l'a dit, l'art de tromper et de mentir, c'est assurément parce qu'elle est l'œuvre de Messieurs les avocats. La mystification est générale. Le candidat trompe l'électeur, l'électeur abuse le candidat, le ministre endort le député, le député ment au ministre, tous les politiciens se moquent du pays et le pays paie les frais de cette série de mensonges. C'est pour cela que le terrain de la politique est jonché de cadavres, vaste cimetière où gisent les plus beaux sentiments de l'homme, ses plus nobles aspirations.

Cependant — et c'est là une consolation, bien que trop faible, il est vrai, — le correctif à ces défauts réside dans ces défectuosités morales mêmes. Ce sont précisément la superficialité et l'habileté, grâce auxquelles les avocats réussissent, qui les rivent à une certaine médiocrité, que fort peu d'entre eux parviennent à dépasser. Si les avocats sont tout puissants par le nombre et surtout par l'esprit avocassier qu'ils ont inoculé à la vie publique, il est rare qu'ils s'élèvent individuellement à une situation tout à fait prépondérante. Il convient, en effet, de faire remarquer que les chefs de nos partis ne sont pas sortis du barreau. Ni Barbo Catargi, ni Jean Bratiano n'ont été des professionnels de la parole. MM. Lascar Catargi et Démètre Stourdza ne le sont pas davantage. Cela n'empêche, répétons-le, qu'il n'y ait eu et qu'il n'y ait encore, parmi les avocats entrés dans la politique, des hommes de valeur et des hommes d'Etat. Nous pourrions citer, parmi les morts, Manolaki-Epureano, Costa-Foro, Boeresco, Boziano, N. Blaremberg, Alexandre Lahovary, et d'autres, sans doute, que nous oublions. La liste des vivants en est peut-être moins riche; qu'on nous permette, dans tous les cas, de ne pas donner de noms, car faire plaisir à quelques-uns ne serait-ce pas blesser le plus grand nombre ?

Malgré cela, la remarque générale que nous venons de faire sur le rôle des avocats reste vraie. Considérée dans son ensemble, leur action dans le domaine de la politique a produit plus de mal que de bien. Un peuple d'avocats est un peuple malade. Jean Bratiano, qui s'est beaucoup servi de ces maî-

tres de la chicane et du verbiage, a pourtant eu
pour eux une bien médiocre estime. En bon patriote et en bon père de famille qu'il était, il n'a
laissé aucun de ses trois fils entrer dans la carrière
du barreau; il en a fait des ingénieurs. Si la majorité des pères en faisaient autant, le problème
politique serait de beaucoup simplifié, car les avocats ont été les principaux forgerons du mensonge
dans la politique et ils en sont encore les principaux agents de propagation.

XI

LA POLITIQUE DU ROI

C'est une tâche délicate que d'anticiper sur le verdict de l'histoire au sujet des hommes que la Providence a placés à la tête des peuples.

Il nous faut cependant dire dans cette étude, qui est un modeste chapitre de l'histoire de la Roumanie contemporaine, quelle a été la part d'influence personnelle du Roi sur la marche de ce pays, dans quelle mesure sa vie privée et sa vie politique ont pesé dans les destinées du peuple roumain.

Pour nous en rendre compte, il est nécessaire de saisir la conception que le Souverain s'est faite de la vie. L'idéal varie d'un homme à l'autre et personne n'a encore trouvé la formule du bonheur, sentiment fugitif et indéfinissable. Le Roi Charles a placé le sien dans la charité et dans le devoir. La charité, il la pratique avec la discrétion recommandée par l'Evangile, sans autre satisfaction que celle du bien pour le bien. On sait pourtant que ses largesses ont absorbé sa liste civile pendant les premières années de son règne et ont souvent ébranlé le budget de sa maison. Beaucoup de fléaux s'étaient abattus en ces temps-là sur la Roumanie: la famine, des inondations, des épidémies. Le Prince avait généreusement ouvert sa bourse et l'avait vidée, dans sa compassion illimitée pour ceux qui souffrent. Depuis, sa main délicatement secourable a soulagé bien des misères et encore aujourd'hui la gauche ignore ce que donne la droite.

Mais le trait dominant de sa personnalité, comme homme et comme prince, réside dans la passion du devoir, qu'il a poussée jusqu'à ses dernières conséquences. C'est ce sentiment qui fait l'unité harmonieuse de sa vie à travers les situations et les événements si différents de son existence.

Comme souverain, depuis le jour où, jeune encore, il a mis le pied sur le sol roumain, il a pratiqué avec une inébranlable constance ce qu'on peut appeler la politique du devoir.

Les natures médiocres ne comprennent certes pas ce qu'il y a de grandeur morale dans ce précepte: «Fais ce que dois, advienne que pourra». Le Roi Charles a fait de cette devise la règle immuable, la pensée constante de sa vie.

Quand, sur le champ de bataille, à Calafat, il restait impassible alors qu'un obus éclatait à ses côtés et qu'il arrêtait d'un geste sobre ou d'une parole amicale la tentative de sa suite de lui faire changer de place, il accomplissait un devoir; quand, lui, catholique croyant, reste debout, jusqu'à 4 heures du matin, à l'église orthodoxe, à écouter la grand'messe de la Résurrection, il fait encore son devoir de Roi.

Cette religion du devoir, on la retrouve chez lui dans tous les actes, dans les petites comme dans les grandes choses.

Tendre et sensible, il s'est pourtant imposé, à un âge où peu d'hommes peuvent dominer les battements et les entraînements du cœur, une raideur faite toute d'officialité, parce qu'il avait compris, dès la première heure, que, dans ce jeune pays au tempérament chaud et à la philosophie facile, le prestige de la Couronne ne pouvait être sauvegardé que par la stricte observance de l'étiquette et par la renonciation aux menus plaisirs de la vie. Il a su éviter les familiarités et rester toujours le Roi, tout en prenant une part chaleureuse à toutes les fêtes, tout en se mêlant à ses sujets.

Sa Majesté la Reine a partagé avec lui cette vie consacrée entièrement à l'accomplissement des hautes obligations qu'impose la Couronne. On raconte que lorsque, à un bal, la Reine, vaincue par la fatigue, ne pouvait plus résister au besoin de se reposer, elle priait les personnes de son entourage de faire un mur devant elle, afin que le Roi ne l'aperçût pas assise.

Et ce n'était pas là de la vaine morgue. Non! Le Roi Charles est plutôt un modeste, un timide, bien que capable de résolutions énergiques. Tous ceux qui ont l'honneur de le connaître ont pu apprécier jusqu'à quel point il pousse la délicate préoccupation de ménager toutes les susceptibilités. C'est à ceux qui l'approchent de comprendre le doigt révélateur du Roi.

S'il ne veut voir dans personne ni un ami ni un ennemi personnel, ce n'est pas par sécheresse de cœur ou par faiblesse de caractère. Tout à son devoir, ses rapports avec les hommes sont soumis à la règle que lui dicte sa mission.

On dirait qu'il a pris pour modèle le héros d'une des plus belles créations de son ancien maître Auerbach.

Très humain, il a pu s'approprier avec raison cette pensée si chrétienne que nous avons vue signée de son nom dans un album: *Homo sum et humani nihil a me alienum puto*. Mais, tout en vivant de la vie de tous, tout en étant sensible aux joies et aux souffrances de l'humanité, comme ce personnage du romancier allemand dans son roman *Auf der Höhe* (Sur les hauteurs), il la contemple de haut, dans une sorte d'impersonnalité sympathique qui lui permet de planer aux sommets où rien ne trouble la sérénité de l'âme.

On comprend qu'il ait décoré des écrivains de talent, quoiqu'ils aient mené contre lui des campagnes souvent odieuses, et qu'il ait admis dans sa maison militaire des officiers qui avaient conspiré contre son Trône. Des hauteurs d'où il contemple la vie, on voit grand, on comprend les faiblesses humaines et on pardonne; la haine y est inconnue.

La Reine est la digne compagne du Roi dans cette existence toute de grandeur morale. Elle a été la mère des blessés pendant la guerre de l'Indépendance; mais à côté des trésors de son cœur, elle nous a apporté la puissance de son génie et, sous son influence, les lettres roumaines ont pris un nouvel essor.

Cette élévation que le Roi apporte dans sa tâche presque surhumaine, consistant à régner à l'aide d'une Constitution inapplicable dans ses principales dispositions, n'a pas toujours été comprise. Tous nos hommes politiques ont cru, chacun à son heure, devoir se plaindre de la politique du Roi et, dans l'ardeur de la lutte, ils n'ont pas apprécié la pensée qui la dictait, quitte à revenir sur leur erreur, honteux et repentants.

Combien de sagesse ne lui a-t-il pas fallu pour tout à la fois respecter le pacte qu'il a conclu avec la nation et ne pas permettre, malgré la fiction parlementaire, que l'œuvre de régénération et de consolidation qui incombait à sa dynastie fût compromise ! Il a accompli ce devoir avec un rare esprit de suite, sans fléchir, après avoir surmonté le découragement qui s'était emparé de lui vers le milieu de la quatrième année de son règne, quand il songea un instant à abdiquer.

Il a trouvé en venant parmi nous une principauté vassale, sans outillage économique, comme sans finances. Cette déplorable situation lui traçait la voie à suivre. Il fallait, avant tout, doter le pays d'un réseau de chemins de fer, l'appeler à une existence politique autonome et organiser son crédit. Aujourd'hui, après trente ans de labeur, ce but est atteint, ce qui ne signifie pas, cela va sans dire, qu'il n'y ait plus rien à faire. Nous sommes un royaume indépendant, l'avant-garde de la civilisation de l'Occident; des voies ferrées sillonnent le pays dans toutes les directions et nos finances prospères appellent la confiance des marchés européens, alors que, un quart de siècle seulement en arrière, nous contractions l'emprunt Oppenheim au taux, qui nous paraît aujourd'hui fabuleux, de $22\,\%$.

Cela n'a pas été chose facile que de réaliser ce programme, cette œuvre glorieuse de paix et de guerre, surtout au milieu des passions si vivaces de ce peuple si latin. Quand on pense seulement aux difficultés sans nombre auxquelles s'est heurté le Souverain pour réaliser son projet des chemins de fer, on comprend tout ce qu'on doit à son initiative personnelle. Il a fallu toute la sagesse du Roi, sa large tolérance et sa profonde connaissance des hommes, pour mener à bonne fin l'entreprise grandiose de ces trente dernières années. C'est ainsi qu'il a pu faire concourir toutes nos faiblesses à la grandeur de la patrie.

Cependant, aujourd'hui que la partie la plus urgente de cette œuvre est enfin achevée, une autre mission s'impose à l'Etat roumain.

La lutte pour l'existence a absorbé toutes nos

énergies, car nous devions avant tout conquérir une place au soleil. Maintenant que nos efforts ont heureusement abouti, nous devons entreprendre la réforme morale, qui, du reste, va toujours de pair avec le bien-être matériel.

Il s'agit, avant toutes choses, d'assainir notre vie politique, profondément viciée par des formes parlementaires fictives et qui conduisent à l'abaissement général des consciences.

Si le bien-être matériel a pu être acquis malgré les passions de parti, le relèvement moral est plus difficilement réalisable dans ces conditions. Le Roi, en plus d'une occasion, a fait appel à la concorde et il l'a renouvelé dernièrement encore, à l'occasion de l'investiture du nouveau métropolitain. Par opposition à d'autres princes d'Orient qui regrettent aujourd'hui de n'avoir pas su opposer à temps une digue aux passions, notre Souverain, soucieux de l'avenir, s'applique à écarter les dangers résultant d'une politique frivole et immorale. Il appartient à nos hommes publics de toutes nuances de seconder les efforts du Roi, de lui faciliter sa tâche, en humanisant nos luttes et en renonçant d'eux-mêmes, confiants dans sa sagesse, à des fictions stériles qui se mettent à la traverse du progrès du pays.

Malgré les dénégations obstinées des uns et des autres, tout porte à croire, aussi bien la désagrétion des partis que la désillusion de plus en plus accentuée des couches éclairées, que cette réforme

sera accomplie plus tôt qu'on ne le pense. Nous
espérons que la Roumanie arrivera la première
dans cette voie, avant les peuples d'une civilisation
plus vieille, qui semblent devoir s'attarder dans
l'erreur parlementaire.

Le règne de Charles le Sage brillera ainsi dans
l'Histoire de l'éclat le plus pur, car il marquera
l'ère du relèvement matériel et de la renaissance
morale de la patrie roumaine.

XII

CONCLUSION

Nous voici arrivé au terme de nos observations, et il nous faut conclure.

Nous nous étions proposé surtout de faire ressortir le côté fictif de nos institutions politiques. Ce but, nous croyons l'avoir atteint.

Il n'y a rien de consistant dans notre vie publique. La Souveraineté du peuple n'est pas un principe qui se décrète; elle s'établit, au contraire, lentement, graduellement, au fur et à mesure d'un long apprentissage. Elle doit précéder dans les mœurs la loi qui la proclame. Cette école du temps nous ayant fait défaut, toute notre œuvre parlementaire a un caractère de prématurité qui se retrouve dans chacune de ses parties. Par suite de l'absence de la conscience électorale, nos assemblées politiques, issues de la pression administrative et de la corruption, forment un rouage presque négligeable dans le mécanisme de l'Etat. De là des cabinets prétendus parlementaires, qui viennent et s'en vont sans que les électeurs ou les Chambres les aient appelés ou renvoyés. Depuis 1876, nous n'avons pas eu en Roumanie un seul cabinet qui soit resté en minorité dans les élections ou au

8

Parlement, sauf les cas, très rares, où le gouverne-
nement lui-même souhaitait un vote de blâme.
C'est la Couronne qui doit se substituer au corps
électoral et aux assemblées pour assurer l'alter-
nance des partis au pouvoir. D'ailleurs, ces partis
mêmes n'ont rien de politique. Ils reposent, non
pas sur un ensemble de principes, mais bien sur
des sympathies personnelles et notamment sur des
intérêts communs, qui se résument dans la curée
des places. La Couronne est ainsi placée dans la
situation la plus difficile; elle est, de fait, la dispensatrice du pouvoir et, tour à tour, les colères
et les espérances des politiciens se tournent contre
elle ou vers elle. Tous nos partis ont adulé le
Trône après l'avoir attaqué, et vice-versà, obéissant
en cela aux suggestions changeantes des appétits,
qui ont chassé les principes.

Et cette conception épicurienne de la politique
a pour résultat un matérialisme sectaire, ennemi de
tout idéal, conduisant nos partis à une exploitation
souvent sans retenue de la chose publique. La domination des clubs, dissimulée sous la phrase étour-
dissante des avocats loquaces, est, en réalité, le
résultat le plus positif du gouvernement parlementaire, fictif dans son principe, malfaisant dans
ses effets.

Tous ces points, nous les avons développés au
cours de cette étude, qui, bien que déjà longue,
est pourtant incomplète, vu la richesse des docu-
ments.

Il ressort encore de nos constatations que, dans notre enthousiasme juvénile pour des formules creuses, nous leur avons sacrifié, plus que d'autres peuples, le principe de l'autorité et, avec lui, toutes les garanties nécessaires contre l'instabilité et les déréglements propres au régime de la démocratie, d'autant plus à craindre chez nous que cet esprit nouveau ne trouve pas de correctif dans la force des traditions.

Cette méfiance à l'égard de l'autorité, soit matérielle, soit morale, implantée par l'école des démocrates, qui supprimeraient volontiers le gouvernement afin de prévenir les abus qu'il pourrait commettre, cet esprit anti-autoritaire, disons-nous, prédomine dans toutes les parties et même dans les détails de notre organisation politique. Le laisser-aller des débats de nos assemblées, l'impuissance réglementaire où se trouvent les présidents de nos Corps législatifs, c'est-à-dire les représentants de l'autorité, de venir à bout d'un député ou d'un sénateur turbulent, procèdent des mêmes origines que les dispositions constitutionnelles, qui proclament la toute puissance de la nation,—de laquelle émanent tous les pouvoirs—assurent l'impunité de fait à la presse, font du Sénat un corps presque tout aussi démocratique que la Chambre des députés, interdisent le rétablissement du conseil d'Etat, excluent la possibilité de la proclamation de l'état de siège et, enfin, soumettent à la ratification des Chambres le choix fait par le Souverain, de son vivant, des

personnes qui composeront la Régence pendant la
minorité de son successeur. C'est, en un mot, sur
toute la ligne le même esprit de suspicion à l'é-
gard du principe de l'ordre et la même adoration
superstitieuse de la liberté, dans laquelle on veut
voir un idéal, une fin, et non pas ce qu'elle est:
un simple moyen. Ce discrédit du pouvoir se traduit
encore par la timidité qu'on apporte à l'emploi de
la force là où la loi l'autorise. On préfère, surtout
dans l'école libérale, les voies détournées, voire
même les gourdins officieux des *bravi,* à l'application franche de la loi.

Les démocrates, ou, plutôt, ceux qui débitent la
drogue démocratique dans une décoction anarchico-
républicaine, à l'usage des faibles d'esprit, ne con-
testent pas le bien fondé de nos observations en
ce qui concerne la perturbation engendrée par la pré-
tendue souveraineté de la nation. Seulement, ils
font du mal signalé un argument en faveur d'une
extension plus grande encore des prérogatives
populaires et demandent une Chambre unique,
élue au suffrage universel, sans condition de
capacité. Ces démocrates ne comprennent pas
que si notre régime parlementaire est un leurre,
si le règne de la loi est souvent un mythe, si
la politique jette le trouble dans l'église, l'armée,
l'école, la justice, dans le labeur national même,
ce n'est pas parce que le peuple n'a pas assez
de droits, mais parce qu'il ne sait pas exercer

ceux qu'il a. Sa soi-disant souveraineté dissimule seulement le jeu des imposteurs ou les menées, si souvent coupables, des coteries.

Par quel phénomène surnaturel la masse des illettrés, des besogneux et des inconscients, qui ont à peine le sentiment de leur propre individualité, se montreraient-ils plus indépendants, plus moraux, plus compétents que les éléments qui forment les couches supérieures de la société? Et puis, en raison pure, pourquoi, dans l'ordre moral, la même mesure irait-elle à toutes les tailles, au jeune homme sans expérience comme au père de famille, que les responsabilités ont discipliné et mûri, à l'obscur étudiant comme au savant illustre, à l'humble laboureur comme aux plus grandes gloires du pays, au manœuvre comme au grand industriel, au grand commerçant, au grand propriétaire? Cette égalité de traitement n'est ni rationnelle, ni juste, ni utile. La prépondérance de la foule ne peut aboutir qu'à l'anarchie ou au césarisme le plus dégradant, deux extrêmes qui nous inspirent une égale aversion. Qu'on se souvienne que la grandeur de Rome n'a pas été fondée sur le suffrage universel, mais bien sur le suffrage censitaire.

Non, là n'est pas le salut. La nature du mal indique la voie où il convient de chercher le remède.

Nous souffrons, tout d'abord, du mal parlementaire, que nous partageons, il est vrai, avec d'autres nations. Mais le parlementarisme roumain présente une gravité toute particulière, parce qu'il est prématuré. Ce qu'on appelle le gouvernement des partis n'existe que de nom; les principes divisent le moins nos hommes politiques et les séparations factices qu'ils ont établies engendrent des luttes stériles qui troublent l'Etat, paralysent les initiatives utiles et empêchent le concours de tous les efforts en vue du bien commun. Notre devoir est donc tout indiqué: il consiste à combattre le parlementarisme, car l'ennemi, c'est lui.

Nous ne nous faisons point d'illusions. Nous savons qu'on ne saurait remédier d'une façon absolue à tous ces inconvénients, puisque la maturité politique d'un peuple ne s'improvise pas. Mais si on ne peut extirper le mal, on peut, du moins, écarter les causes artificielles qui l'aggravent. Conservons le régime représentatif avec certaines garanties, — nous les indiquerons plus loin — mais renonçons à la fiction du cabinet; «donnons à César ce qui est à César», laissons, en un mot, au Roi la faculté de gouverner avec le concours de ses ministres.

A l'heure actuelle, c'est toujours la Couronne qui distribue le pouvoir, en dehors de toute indication parlementaire. On voit, en effet, les gouvernements tomber au milieu de leurs majorités très compactes et même après des succès électoraux très brillants. Mais la fiction veut que la personne chargée par le Souverain de la formation du nouveau cabinet vienne comme un triomphateur, comme le représentant d'un parti qui est l'expression de l'opinion publique et que la confiance populaire désigne à

la confiance royale. Le pouvoir doit lui appartenir
entièrement, à l'exclusion absolue de tous ceux qui
ne portent pas l'étiquette, d'ailleurs mensongère,
du parti arrivé. Le personnage nommé président
du conseil est le délégué, le mandataire de ce parti,
qui gouverne en maître. Quant au Roi, il se con-
tente de régner. Donc, les hommes parvenus grâce
à la faveur exclusive du Prince se substituent à
son autorité; ils sont souverains; ils se partagent
les places de ministres et toutes les autres fonctions de l'Etat, en véritables conquérants. Le chef,
c'est-à-dire le chargé d'affaires du parti, reçoit les
ordres du club, ordres qui, par ricochet, s'adres-
sent au Souverain. Celui-ci accepte les ministres
que le club lui désigne, quelquefois des hommes
sur lesquels courent de nombreuses anecdotes.
Devenu impersonnel, il signe des décrets annulant
des décrets de la veille et des Messages royaux
dans lesquels il blâme ce qu'il a loué et loue ce
qu'il a blâmé; prince constitutionnel, il n'est plus
que l'instrument de la volonté nationale, dont le
nouveau gouvernement est le seul dépositaire, bien
que, de fait, ce gouvernement procède uniquement
de la faveur de ce prince.

De par cette volonté imaginaire de la nation,
M Stourdza, par exemple, ne peut pas figurer dans
un ministère à côté de M. Catargi, M. le général
Mano à côté de M. Statesco, M. Take Ionesco à
côté de M. Lascar, etc. Ce serait là la pire des
hérésies. C'est ainsi que le principe de continuité

est paralysé, en grande partie, du moins, dans la politique intérieure — dans la politique extérieure on a fait heureusement bon marché de la fiction parlementaire — et que périodiquement un certain nombre d'hommes marquants sont mis en disponibilité et remplacés par des bouche-trous, des médiocrités, qui expriment, soi-disant, l'opinion triomphante. Il faut des situations exceptionnelles pour se départir de cet exclusivisme de parti.

Mais pourquoi la collaboration de tous les hommes de mérite, bonne dans des circonstances graves, serait-elle mauvaise dans des conditions normales?

Cette institution du gouvernement parlementaire est mille fois absurde, surtout chez nous, où elle ne résulte pas du jeu naturel de nos institutions. C'est un trompe-l'œil que nous payons trop cher. Avant tout, il faut y mettre un terme.

Cette fiction nous manquera, certes, comme le jeu manque au joueur, mais si la nouvelle politique peut nous paraître monotone, elle sera digne et féconde. Le bien-être de l'État demande ce sacrifice, qui ne portera atteinte à aucun des droits fondamentaux de la nation.

Nous ne préconisons ni le césarisme, ni le droit divin, mais nous voulons une monarchie constitutionnelle représentative sans la fiction parlementaire, comme elle existe en Allemagne et en Autriche. Nous sommes loin d'avoir pour ce qu'on appelle «le despotisme moscovite» les sympathies que

nous reprochent des confrères qui ne nous ont
pas compris ou n'ont pas voulu nous comprendre.
Que le Souverain choisisse ses ministres en dehors de toute préoccupation de parti et que le
gouvernement, organe du chef de l'Etat, seul représentant du pouvoir exécutif, ne soit plus l'expression politique de la majorité du Parlement.
Voilà à quoi se réduit notre système réactionnaire.
C'est même là, ajouterons-nous, l'idéal d'un régime
constitutionnel, car cette forme de gouvernement
plus que toute autre ne peut vivre que de l'esprit
de modération et de concessions réciproques, par
suite de la multiplicité de ses rouages. Elle fonc-
tionnerait d'autant plus utilement, chez nous, que
les différences d'opinions ne sont nullement tran-
chées et que les courants populaires n'existent
presque pas. Tous les partis pourraient être à la
fois représentés au gouvernement et aucun ne l'ac-
caparerait; toutes les expériences, toutes les bonnes
volontés, tous les talents seraient ainsi mis à contribution en vue du bien général. D'autre part,
la question de confiance ne pouvant plus être posée, dégagé de toute préoccupation ministérielle,
n'ayant plus à envisager les conséquences politiques de son vote, ni à craindre ou à espérer
qu'en adoptant ou en rejetant une proposition du
gouvernement il l'oblige à se retirer, le Parlement,
bien que réduit en apparence, se relèvera de son
discrédit, car il pourra exercer sa mission de contrôle avec plus d'indépendance et plus de dignité.

Enfin, le gouvernement, délivré de la tyrannie de la clientèle parlementaire, n'étant plus la chose d'un club, ne se heurtera plus à l'intérêt de parti, qui actuellement contrecarre ses meilleures intentions.

La servitude réciproque de l'heure présente abaisse, en effet, à la fois et le gouvernement et les Chambres, qui se paralysent mutuellement et se dégradent dans des compromis et des marchandages continuels.

Nul doute, l'Exécutif aura toujours besoin du concours du pouvoir législatif, mais la solidarité du péché aura disparu et un grand progrès sera ainsi réalisé. La lutte sera plus morale, car elle se livrera sur des réformes pratiques et, dans tous les cas, elle sera moins passionnée et aussi moins attrayante, ne conduisant plus au monopole du pouvoir. On fera moins de politique et on travaillera davantage.

Cette école est absolument nécessaire en Roumanie, au moins pour quelque temps, jusqu'à ce que nous nous soyons corrigés de cette malheureuse habitude d'esprit qui nous fait considérer la chose publique comme la propriété des politiciens, comme un domaine qu'ils ont le droit d'exploiter à tour de rôle.

Les inconvénients du parlementarisme ont été signalés un peu dans tous les pays, bien que chez les peuples d'Occident ces désavantages n'aient

pas la gravité qu'ils ont chez nous, par suite de
l'absence d'une opinion publique et d'une éducation séculaire, traçant aux passions des partis des
limites qu'elles n'osent franchir. Ainsi, tout dernièrement, à la même époque où nous menions
cette campagne, en France, un publiciste libéral,
M. de Pressensé, constatait, en la déplorant, la crise
que traverse le parlementarisme et, en Italie, un ancien membre du ministère Crispi, faisant la même
constatation, se prononçait contre le cabinet parlementaire, dans un article intitulé *Torniamo allo Statuto,* que nous reproduisons aux annexes.

M. Sonnino a eu la tâche plus facile; il a pu
dire: «Rentrons dans la Constitution», parce que
le Statut italien ne prévoit nulle part l'institution
de la présidence du conseil, c'est-à-dire du *cabinet*
dans le sens anglais, pouvoir usurpateur qui a pris
naissance on ne sait comment.

Pouvons-nous en dire autant en Roumanie?

En ne consultant que le chapitre II de notre
Constitution, traitant du «Roi et des ministres»,
nous pourrions arriver aux mêmes conclusions que
M. Sonnino. Nulle part il n'est dit, en effet, dans
notre Constitution, que le Roi nomme le président
du conseil. L'art. 93 du chapitre susdit porte, au
contraire, formellement que «le Roi nomme et révoque *ses ministres*». L'art. 100 du chapitre suivant confère au Souverain le droit de mettre en
jugement ses conseillers. Il n'est pas question, comme
on le voit, d'un ministère qui serait l'expression

d'un parti. La Constitution ne parle que de ministres qu'elle considère comme des organes, en quelque sorte comme des fonctionnaires du Roi. Cette théorie constitutionnelle est même enseignée, croyons-nous, du haut de la chaire de droit public à l'Université de Bucarest.

Cependant, l'art. 31 de la Constitution, statuant que «tous les pouvoirs émanent de la nation, qui ne peut les exercer que par délégation», semble contredire cette façon de voir. On pourrait interpréter cette disposition comme la répudiation du principe du droit divin, mais de l'étude de notre histoire politique contemporaine il ressort que l'art. 31 a une signification plus précise. Il remplace l'art. 14 de la Convention de Paris, disposant que l'*hospodar gouverne avec le concours des ministres nommés par lui.*

D'ailleurs, l'incident suivant, qui s'est produit à la séance du 20 juin 1862 de l'Assemblée générale de Roumanie, fixe bien le sens de l'art. 31, qui a été inscrit plus tard dans notre pacte fondamental. C'était après l'assassinat de Barbo Catargi. Michel Kogalniceano interpellait le président du conseil, M. Apostol Arsaki, grand-père maternel de l'auteur de ces lignes. Il l'accusait d'avoir déclaré, en réponse à une autre interpellation, que toutes les arrestations avaient été faites avec l'autorisation du Prince Couza, et lui, le futur ministre qui devait, deux ans après, accomplir le coup d'Etat du 2 mai, voyait dans cette déclaration une grave atteinte à la souveraineté de la Chambre! A cela, feu Arsaki répondit qu'il pouvait se retrancher derrière l'article de la Convention qui statue «que le Prince gouverne avec le concours des ministres». «On ne saurait prétendre chez nous, comme dans d'autres pays, ajoutait-il, que le «Roi règne et ne gouverne pas».

Si donc la Constituante de 1866 n'a pas reproduit l'art. 14 de la Convention de Paris et a posé le principe consacré par l'art. 31, c'était, croyons-nous, pour bien indiquer que désormais le Roi ne gouvernerait plus. De là l'origine du *cabinet,* qui n'a pourtant commencé à fonctionner que plusieurs années après l'entrée en vigueur de la nouvelle Constitution.

Nous ne dirons pas, par conséquent, avec M. Sonnino: «Rentrons dans la Constitution». Le sujet est trop grave pour que nous tournions la difficulté. Mais, tout en reconnaissant la légitimité constitutionnelle du gouvernement des partis, nous constatons qu'il n'existe qu'en apparence et que cette vaine forme a les plus déplorables conséquences pour le pays.

Faut-il désespérer de voir nos hommes politiques, à qui le patriotisme ne manque pourtant pas, tomber d'accord pour en finir avec cette fiction et rentrer dans la vérité, qui prime la Constitution ?

Quoi qu'il en soit, l'émiettement des partis et le désenchantement de plus en plus profond de la classe saine et intelligente de la société aboutiront, tôt ou tard, à cette réforme si salutaire.

La fin du régime parlementaire marquerait, certes, une étape importante dans la voie de l'assainissement de nos mœurs. Le mensonge constitutionnel serait ainsi frappé dans son expression culminante: l'institution du cabinet.

Mais il nous restera toujours la fiction parlementaire. Comment y remédiera-t-on ?

L'objection est sérieuse. Le mal existe, et — qui saurait le nier? — il est impossible de le guérir d'un jour à l'autre, quel que soit le système que nous adoptions.

Il y a, d'un côté, l'inconscience des masses et, de l'autre, le scepticisme des classes supérieures, deux vices qui conduisent à une constante servilité. Si dans d'autres pays on peut se plaindre de la trop grande indépendance des électeurs, de leur indiscipline, de leurs entraînements et de leur incohérence, chez nous, ils déroutent par leur manque de tempérament, par le bon marché que font les uns de l'exercice de la prérogative électorale et par l'esprit de marchandage qu'y apportent les autres.

Tout compte fait, les nouvelles couches ont abaissé le niveau de notre vie politique. Au paysan, par exemple, le droit de vote pèse comme une servitude. Il faut qu'on le conduise presque de force à l'urne et une fois en présence de cette boîte en bois ou en fer-blanc qui ne lui dit rien, si ce n'est

le temps qu'elle lui fait perdre, il se borne à y
jeter un bulletin qui lui est remis par l'agent administratif, souvent même sans avoir la curiosité de
connaître le nom qu'il porte. Voilà de quelle manière
décevante le peuple souverain, au nom duquel d'aucuns réclament le suffrage universel, exerce sa souveraineté. Là où le troisième collège échappe à la
tutelle administrative, c'est pis encore, car il devient le fief de certaines personnalités louches qui
inspirent une légitime méfiance. Ce n'est pas un
Jean Bratiano qui a pu accaparer un collège de
paysans, pas même dans son district; ce n'est pas,
aujourd'hui, M. Catargi, mais de tout autres personnages. Pendant que des personnalités de premier ordre, dont l'histoire recueillera le nom, errent,
dans l'opposition, à travers le pays, à l'affût d'un
mandat législatif et que l'administration doit fermer
les yeux pour leur permettre de se faire élire, les
autres défient tous les gouvernements. Par bonheur,
ces cas d'indépendance sont encore tout à fait
rares.

Quant aux éléments citadins qui sont parvenus
à la vie politique pendant ces quarante dernières
années, s'ils sont plus conscients de leur droit, ils
l'exploitent, malheureusement, comme un fonds de
commerce. On rencontre, par-ci, par-là, d'heureuses
exceptions, mais nous avons beau chercher aujour-
d'hui l'esprit de sacrifice que l'on trouvait autrefois
dans de petits collèges composés de vingt à vingt-
cinq électeurs.

Cette situation s'explique. Elle tient évidemment à la trop grande rapidité de notre évolution électorale. C'est, notamment, en cette matière que le droit a de beaucoup devancé le fait. Il n'y a pas un demi-siècle encore, un revenu de cent ducats (1.200 francs) donnait accès seulement au collège des électeurs indirects (primaires); aujourd'hui, ce même revenu, presque dérisoire, vu l'éparpillement de la richesse, ouvre les portes du premier collège. Il est évident que la conscience électorale et la moralité politique n'ont pas pu se développer d'une façon aussi rapide, car le discernement comme l'amour de la chose publique ne s'acquièrent pas du jour au lendemain.

De là le mal que nous venons de signaler.

Que faut-il en conclure ?

Devons-nous revenir au système de la convention de Paris?

Cette réforme ne nous semble guère possible et, du reste, il n'est pas prouvé que les collèges restreints présenteraient la même résistance qu'autrefois. La machine administrative est aujourd'hui bien plus puissante et, en outre, par suite de la multiplicité des intérêts des électeurs, le gouvernement a plus de prise sur eux.

Il n'y a, nous l'avouons, rien ou presque rien à faire sous ce rapport. Il faut attendre que le temps accomplisse son œuvre d'éducation. D'ailleurs, un mieux semble devoir se produire et, dans tous les cas, les inconvénients de la fiction électorale seront beaucoup atténués, quand le cabinet parlementaire aura disparu. Le gouvernement, soustrait à l'influence de parti, fera moins de politique et plus d'administration, les passions s'apaiseront et les erreurs du corps électoral ne pèseront que d'un poids léger sur la marche des affaires. C'est ainsi que peu à peu nos classes moyennes parviendront à apprécier la liberté politique, qui deviendra alors une réalité. D'ici là, nous devons nous accommoder de l'organisation électorale en vigueur, dont nous aurons amoindri la nocuité, répétons-le, en abandonnant la fiction du gouvernement des partis.

Si nous plaidions, comme on nous le reproche, en faveur d'un régime absolutiste, nous préconiserions, certes, à côté du gouvernement personnel, le suffrage universel, qui serait en Roumanie le plus puissant instrument d'asservissement. Mais tel n'est pas notre but. Nous voudrions, au contraire, voir la nation roumaine s'acheminer graduellement vers une vie politique consciente — résultat qu'on ne saurait atteindre d'un seul coup — et c'est précisément pour cela que nous faisons la guerre aux mensonges nuisibles et que nous répudions l'égalité de tous devant l'urne.

Dans cet ordre d'idées, nous proposerions seulement des conditions d'éligibilité et la réduction du nombre des députés, qui est aujourd'hui proportionnellement plus grand en Roumanie que dans tout autre pays de l'Europe. Avec ces modifica-

tions, on assurerait une certaine sélection, grâce
à laquelle la représentation nationale pourrait remplir avec plus de compétence et de dignité sa
mission législative.

Quant au Sénat, comme dans presque tous les
Etats constitutionnels, il ne faut pas qu'il ait les
mêmes origines que la Chambre. Le Sénat doit
être la maison de toutes les supériorités sociales,
ainsi que le disait feu Nicolas Blaremberg à la
Constituante de 1866. Il est nécessaire, en effet,
que le pays ne soit pas privé du conseil des
hommes de mérite et d'expérience qui ne parviennent peut-être pas à pénétrer à la Chambre,
soit parce que le gouvernement ne le permet
pas, soit parce que ces individualités, à qui la basse
besogne électorale répugne, ne sont pas agréées
par les électeurs. Il faut donc que ceux qui ont
été ministres pendant huit ans, que les anciens
présidents du conseil, les plus âgés des officiers
généraux en retraite, les représentants de l'Académie roumaine, des Universités, des grandes institutions d'utilité publique, les premiers présidents
des Cours de cassation et d'appel, le haut clergé
et les membres de la Famille royale, cela va sans
dire, soient de droit membres du corps pondérateur. La Couronne aura, en outre, le droit d'y
nommer un nombre limité de sénateurs, renouve-
lables par moitié ou par un tiers tous les quatre
ans, parmi les grands propriétaires ruraux ou parmi
ceux qui s'élèvent au-dessus du niveau commun

dans les arts, l'industrie, les sciences ou les lettres.

Une assemblée ainsi composée constituerait le suprême contrôle et serait le dépositaire des traditions, de l'esprit de continuité et de stabilité, sans lequel tout progrès n'est que de surface.

Dans tous les cas, il est bon de permettre aussi à des voix autres que celle d'un obscur personnage «élu» par le peuple de se faire entendre, alors même que ces voix autorisées seraient impuissantes à prévaloir. Aussi serait-il utile de réaliser cette réforme — comme celles, d'ailleurs, dont il sera question plus loin — quel que soit notre système politique, que nous abandonnions ou que nous maintenions le régime parlementaire.

Ajoutons qu'un conseil d'Etat, qu'il ait, ou non, des attributions de contentieux administratif, apporterait dans la préparation des lois la compétence et le scrupule qu'on ne saurait demander à des assemblées politiques exclusivement dominées par l'intérêt de parti.

Et, obéissant aux mêmes préoccupations, mais d'un ordre plus élevé, nous devrions laisser au Chef de l'Etat une entière liberté dans le choix de la Régence. Il faut que le Roi puisse désigner le Régent, soit dans sa Famille, soit parmi nos hommes politiques, sans que sa décision doive être soumise à la ratification des Chambres, avec lesquelles il y a toujours à craindre l'exclusivisme de parti.

Enfin, pour couronner cette œuvre d'organisation

conservatrice — absolument indispensable à toute société — il faut encore réhabiliter le principe d'autorité en dotant l'Etat des moyens dont il a besoin pour défendre l'ordre social. On a beaucoup crié quand Jean Bratiano a voulu déférer aux tribunaux ordinaires l'action en dommages-intérêts résultant d'un délit de presse. On a également poussé les hauts cris lorsque le général Mano a envisagé l'éventualité où le gouvernement devrait avoir la faculté de proclamer l'état de siège. Ces effarouchements prouvent combien l'idée d'autorité est discréditée chez nous et cette situation nous impose le devoir de réagir contre un état d'esprit aussi déplorable.

«Mais c'est la pétition de Iassi!» dira-t-on. Oui, il y a là aussi des idées junimistes, que les «constitutionnels» ont abandonnées. Nous n'éprouvons aucun embarras à le reconnaître. Si nous n'apprécions pas la politique des junimistes, nous prisons beaucoup certains principes qui, autrefois, ont été les leurs. Nous n'hésitons pas à nous les approprier, car ce qui était vrai, sous ce rapport, en 1871 est peut-être plus vrai encore en 1897. Le mal a fait des progrès, depuis, par suite du régime politique mensonger sous lequel nous vivons.

Encore un mot pour terminer.

Dans ce débat plutôt platonique, nous n'avons pas la prétention d'esquisser une Constitution nouvelle. Nous croyons avoir accompli un devoir en signalant des anomalies que personne ne conteste.

Bien plus, nous ne préconisons pas les moyens violents pour la réalisation de ces réformes.

Nous désirons seulement établir d'une façon précise le besoin réel auquel elles répondent, afin que nos hommes politiques de toutes les nuances aient le courage de se mettre d'accord pour les accomplir. Nous l'avouerons franchement, ce qui nous a déterminé à entreprendre cette campagne, c'est-à-dire à grouper les observations que, pendant dix ans, nous n'avons cessé de présenter dans des articles éparpillés au hasard des événements, c'est l'appel si chaleureux que le Roi a adressé, à l'occasion de l'investiture du Métropolitain actuel, «à l'union de toutes les notabilités du pays qui ont consacré leurs efforts et leur zèle à l'élévation et à la consolidation du royaume».

Ainsi que l'a dit Sa Majesté, la Patrie a besoin du concours de toutes les pensées et de toutes les volontés et il est mille fois absurde de nous diviser en camps ennemis, de guerroyer pour des fictions et de négliger ainsi les intérêts réels de la nation.

L'Etat roumain n'est pas encore suffisamment mûr, il n'est pas assez consolidé et, enfin, nous ne sommes pas assez riches pour nous payer le luxe des passions parlementaires. L'exemple de la Grèce devrait nous mettre en garde contre les graves dangers de cette politique frivole.

C'est dans ce sentiment de patriotisme que nous avons puisé la hardiesse de dénoncer un mensonge dont nos clubs ont fait un patrimoine sacré.

Nous avons été désavoué par les organes de parti, ce qui était naturel, et violemment attaqué par les autres journaux, qui ont trouvé plus commode de protester bruyamment que de discuter de sang-froid. Un ancien orateur éloquent a même cru devoir jeter le cri d'alarme au Sénat et un ministre libéral s'est vu obligé de rassurer «le pays» en termes héroïques sur le sort de la Constitution audacieusement menacée par nous.

Est-ce à dire que nous soyons dans l'erreur? Nous attendons qu'on nous le prouve autrement que par des apostrophes cicéroniennes, des sarcasmes faciles ou par des déclarations solennelles.

Nous nous trouvions à Montecitorio, au mois de février 1894, lorsque M. Sonnino, alors ministre dans le cabinet Crispi, développait son programme financier consistant dans la création de nouveaux impôts et la réduction du coupon de la dette. L'Italie se trouvait à cette époque-là dans une situation très critique. La famine soulevait les populations de la Sicile, les impôts ne rentraient plus, la gêne, sinon encore la misère, était générale. M. Sonnino s'était rendu compte que seules de nouvelles ressources pouvaient tirer son pays d'embarras et il n'hésita pas à les proposer, malgré les difficultés du moment. Il avait vu juste. L'Italie a retrouvé, depuis, son équilibre. L'ancien ministre des finances du royaume italien a obéi récemment à la même préoccupation patriotique en signalant les usurpations nuisibles du régime parlementaire.

Sa voix a-t-elle résonné cette fois dans le désert? Qui saurait l'affirmer? Heureusement, on peut dire de la vérité ce qu'on a dit de la calomnie: repétez-la sans cesse, il en restera toujours quelque chose.

Dans notre modeste sphère d'action, nous avons accompli le même devoir de franchise envers le pays. Nous n'avons pas à le regretter, du reste; les suffrages des esprits impartiaux nous ont suffisamment dédommagé de la désapprobation superficielle et pas toujours courtoise de la presse. Cette campagne n'aura pas été inutile, bien qu'elle ne doive pas avoir, peut-être, des effets immédiats, car, nous pouvons l'affirmer, elle a répondu à un besoin, encore confus chez les plus nombreux, qui existait dans la conscience de tous.

Sur un petit carton que nous avons trouvé dernièrement au milieu de fleurs à une fête de charité, nous avons lu cette pensée tracée de la main de Carmen Sylva:

Vous voulez lire ce que vous avez toujours pensé vous-même ; il faut quelqu'un pour oser le dire.

Nous ne voulons revendiquer d'autre mérite — si toutefois c'en est un — que celui d'avoir dit tout haut ce que chacun pense tout bas.

ANNEXES

UNE LETTRE DU ROI

Cette lettre, écrite le 10/22 décembre 1870, a paru
le 27 janvier 1871 (n. s.) dans la *Augsburger Allgemeine
Zeitung*. Elle était adressée, non pas au romancier Auerbach, comme on l'a dit, mais à un ami imaginaire:

«Bucarest, le 10/22 décembre 1870.

» Très honoré ami,

»Je n'ai que trop tardé à vous donner de nouveau
signe de vie. Mais je voudrais seulement que vous fus-
siez pendant une heure à ma place pour vous convaincre à quel point mon temps est disputé et absorbé
par le travail, les soucis et les désillusions!

»Il y a maintenant bientôt cinq ans que j'ai pris l'audacieuse résolution de me mettre à la tête de ce pays,
si richement doué par la nature, d'une part, et cependant si pauvre d'autre part. Si je jette un regard
sur cet espace de temps, insignifiant dans la vie
d'un peuple, mais long dans l'existence d'un homme
toujours sur la brèche, je dois avouer que je n'ai pu
rendre que peu de services à ce beau pays. Je me demande souvent à qui en est la faute? — Est-ce à moi,
qui n'ai pas connu le caractère de ce peuple, ou à ce
peuple lui-même? — Par mes nombreux voyages dans
toutes les régions des deux principautés et par des
contacts multiples avec toutes les couches sociales, je

crois être arrivé à la persuasion que le reproche n'atteint plus particulièrement ni moi, ni tout le peuple, mais bien plutôt ceux qui se sont institués eux-mêmes comme les directeurs du pays dans lequel ils sont nés.

»Ces gens, en effet, qui, pour la plupart, sont allés chercher toute leur culture intellectuelle et politique à l'étranger, ont, par suite, trop oublié les choses du pays et n'ont d'autre but que de transplanter dans leur patrie, présentées sous une forme utopique et sans expérience, les idées qui règnent là-bas et dont ils sont enthousiastes. Ainsi, ce malheureux pays, qui a toujours été placé sous le joug le plus dur, se trouve, sans transition, passer d'un régime despotique à une constitution tellement libérale qu'aucun peuple ne possède sa pareille en Europe.

»Après l'expérience faite, je tiens cela pour un malheur d'autant plus grand que les Roumains ne peuvent se flatter de posséder aucune des vertus civiques qui appartiennent à cette sorte de constitution de l'Etat quasi républicaine.

»Si je n'avais pas autant porté dans mon cœur ce magnifique pays, auquel on pourrait, dans d'autres circonstances, prophétiser le plus riche avenir, j'aurais depuis longtemps perdu patience. Mais j'ai fait maintenant un dernier essai qui, aux yeux des partis et des principaux meneurs politiques roumains, devait me faire paraître comme dépourvu de tout sentiment d'amour pour le pays, tandis qu'au contraire j'ai mis de côté toute arrière-pensée personnelle et, peut-être, complètement sacrifié ma popularité. Ç'aurait été cependant un manquement à mes devoirs sans excuse que de dissimuler le mal plus longtemps et de livrer sans volonté l'avenir du pays aux agitations des partis.

»En tout cas, celui qui, dans une situation donnée, a le courage de dire la vérité et d'appeler les choses par leur nom passe le plus souvent ici bas pour avoir le dessous, et c'est ainsi qu'il en ira de moi; mais, cependant, avec cette différence, que j'admets avec reconnaissance, qu'il m'est loisible de retourner vivre libre de soucis, indépendant, au milieu du plus parfait bonheur domestique, dans la chère patrie dont le puissant aimant n'a pas cessé un instant de m'attirer de nouveau pendant les heures pénibles que j'ai dû passer.

»Je regrette seulement de tout mon cœur que ma bonne volonté ait été à ce point méconnue et récompensée par l'ingratitude. Mais comme ce destin m'est commun avec la plupart des mortels, je saurai me consoler de cela aussi et oublier petit à petit, dans un commerce intellectuel animé, surtout dans votre cercle, ce que j'ai subi autrefois.

»Je reçois demain l'adresse de la Chambre, qui est un chef-d'œuvre de perfidie phanariote. Les journaux la feront parvenir jusqu'à vous. L'acceptation d'un pareil document, dans lequel le Corps législatif ose parler à son Souverain de dévouement conditionnel, ne peut se justifier de ma part que par la sérieuse situation financière du pays, que la banqueroute menace. De même que, dans le train courant de la vie, l'odieux d'une action rejaillit toujours sur son auteur, dans le cas présent la responsabilité retombe sur ceux qui ne savent pas respecter leur prince librement élu. On se déshonore soi-même quand on ne sait pas respecter ce qu'on a soi-même créé !

»En attendant, veuillez, etc.   »C.»

LA PÉTITION DE IASSI

Voici la traduction de la *Pétition de Iassi*, présentée aux Chambres dans le courant de l'année 1871 :

«Messieurs les Sénateurs,
»Messieurs les Députés,

»Nous, soussignés, vos électeurs, croyons de notre devoir de vous proposer quelques mesures dont l'indiscutable nécessité est sentie par tout le monde.

»Nous croyons, tout d'abord, que vous trouverez notre démarche très légitime, car, étant nos mandataires, vous avez le devoir de tenir compte des besoins du pays et de prendre des mesures législatives destinées à remédier aux maux dont il souffre.

»Il y a cinq ans que la nouvelle Constitution est en vigueur; c'est peu en théorie, mais quand, dans la pratique, les choses vont mal, cinq ans d'anarchie suffisent pour désorganiser et perdre tout un pays.

»Et qui pourrait dire que c'est là une exagération ? N'avons-nous pas vu le moment où le prince régnant allait abdiquer parce que la licence et l'anarchie régnaient dans le pays ?

»Les grandes puissances garantes, qui ont témoigné à la patrie tant de bienveillance et qui ont fait droit à toutes nos demandes, ne finiront-elles pas par perdre patience et n'est-il pas à craindre que, voyant le mauvais usage que nous faisons des droits consacrés, elles

ne fassent occuper le pays aux premiers troubles qui
se produiraient?

»Un pareil état de choses n'est-il pas de nature à
mettre en danger notre existence nationale même?

»Il faudrait être aveuglé par la passion ou traître à
la patrie pour le nier. Nous, qui n'avons d'autre ambition que de vivre libres comme citoyens roumains dans
notre patrie et de voir l'honneur, la vie et la fortune
de chacun garantis par les institutions du pays, nous
qui sommes las de voir que les dettes de l'Etat augmentent en proportion des charges qui nous sont impo-
sées, nous ne sommes pas seulement en droit de vous
demander la guérison du mal, mais nous nous trouvons
dans les meilleures conditions pour juger les choses
sans passion, et cela pour les raisons suivantes :

»Nos assemblées législatives ont consumé jusqu'ici
leurs forces dans des luttes de parti et des visées personnelles. Pendant la dernière Chambre, et sous le
ministère qui avait la confiance de la majorité, ces
luttes ont atteint un tel degré d'acharnement que, si
la dissolution et le renvoi de ce ministère n'étaient
survenus, il y aurait eu dans le pays un terrible bou-
leversement. Nous aurions eu à Bucarest une réédition
de la Commune de Paris, et le séparatisme à Iassi.

»En présence de ces maux, nous n'avons pas seulement le droit mais aussi le devoir de vous proposer,
messieurs les députés, messieurs les sénateurs, les
mesures suivantes, que nous jugeons indispensables
à leur guérison, en vous priant de vous les approprier et de les transformer en lois si vous voulez conserver notre confiance à l'avenir.

»Mais, pour proposer le remède, il faut connaître
le mal.

»Examinons donc, messieurs, quels sont les maux les plus grands qui rongent le pays jusqu'aux moelles.

»Nous nous trouvons d'abord en présence d'un fait très grave qui doit faire l'objet de notre première proposition. La rumeur publique accuse quelques anciens députés d'avoir reçu des pots-de-vin du concessionnaire des chemins de fer, M. Stroussberg. Une pareille accusation porte atteinte de la façon la plus grave au caractère et à la dignité de notre représentation nationale. Nous vous demandons donc la nomination d'une enquête parlementaire qui aura à rechercher avec attention s'il est vrai qu'un ancien député quelconque ait à tel point dégradé son caractère de mandataire du pays. En présence d'un soupçon aussi grave, il faut, ou prouver qu'il est sans fondement, ou frapper les coupables avec toute la rigueur des lois, — si coupables il y a.

»Occupons-nous maintenant du plus grand mal, celui qui désorganise notre pays: le manque de justice.

»Toute société civilisée a absolument besoin, avant tout, de deux choses pour vivre: premièrement, de la liberté, pour pouvoir se développer, et secondement de la justice, sans laquelle elle se dissout. L'égalité n'est qu'une branche de la justice, aussi n'est-elle bonne qu'en tant qu'elle est juste, comme, par exemple, l'égalité devant la loi. Mais elle est mauvaise dès qu'elle est injuste. Ainsi, il est injuste que celui qui n'a rien vote des impôts qui frappent celui qui à quelque chose. Cette égalité-là n'est pas bonne.

Nous répudions donc la fameuse trilogie révolutionnaire: *liberté*, *égalité*, *fraternité*, d'autant plus que le moment où la fraternité a été proclamée a été marqué par les spoliations les plus éhontées, par les massacres les plus cruels. Ce qu'il nous faut par-dessus tout, c'est la liberté et la justice. Là où la justice n'existe pas, la liberté dégénère en licence; c'est le cas chez nous.

»La justice répressive manque et l'impunité est garantie à tous les délits et à tous les crimes. C'est ainsi que la licence de la presse en est arrivée chez nous à être un véritable scandale. Nous ne disons pas cela pour demander contre la presse des mesures préventives, car nous sommes pour la liberté absolue de la manifestation de la pensée, mais nous voulons que les injures personnelles, les diffamations, les calomnies et les offenses par la voie de la presse ne soient pas déférées au jury, qui acquitte toujours et aggrave par là-même l'injure faite à la personne attaquée; il faut les déférer aux tribunaux correctionnels, comme cela se passe dans les pays civilisés.

»Il suffit, pour vous décider à adopter cette mesure, de vous rappeler les attaques infâmes qu'une partie de notre presse a dirigées non seulement contre la personne du Prince, mais aussi contre sa famille et même contre son enfant au berceau. Nous proposons donc que l'alinéa 2 de l'art. 24 de la Constitution, qui porte «que les délits de presse sont jugés par le jury», soit interprèté dans le sens ci-dessus indiqué.

»Passons maintenant à des délits et des crimes d'une autre nature. Sur quatre-vingt-seize dilapidateurs des deniers publics, quatre-vingt-douze ont été acquittés par le jury. Nous demandons par conséquent que les fonctionnaires prévaricateurs soient jugés par la cour de cassation.

»Les assassinats les plus cruels, les meurtres les plus

audacieux se sont multipliés au point de devenir menaçants pour la société, depuis la suppression de la peine de mort et depuis que le jury, par son indulgence, en assure l'impunité. Nous avons vu dans une commune près de Iassi comment une famille entière, le père, la mère et trois enfants, dont un âgé de 3 à 4 ans, ont été massacrés à coups de hache. Troppmann n'a pas fait davantage; mais, chez nous, le crime est resté impuni.

»Un membre du haut clergé, un archimandrite, vient chez son chef spirituel, le Métropolitain, avec un revolver dans la poche et décharge quatre coups de feu sur Sa Sainteté avec la préméditation la plus évidente. Le jury acquitte le criminel, car la condamnation à deux ans de prison correctionnelle ne peut être considérée comme une punition sérieuse pour un crime de cette nature. Et, pour comble d'iniquité, cet acquittement il l'a prononcé après que l'assassin avait été défendu au moyen de calomnies à l'adresse de la victime. La conscience publique se révolte en présence d'injustices aussi monstrueuses.

»Un autre fait d'une grave portée et qui révèle des symptômes très dangereux pour notre pays est le suivant:

»Un rebelle tente un coup d'Etat et proclame la république, alors que la forme légale de l'Etat est la monarchie constitutionnelle. Ce criminel est acquitté par le jury et, plus tard, il est, non seulement admis à faire partie de la Chambre des députés, mais encore on tolère qu'il représente celle-ci devant le Souverain en qualité de membre de la commission chargée de lui remettre l'Adresse en réponse au discours du

Trône. Il nous semble que l'impunité et l'impudence ne sauraient être poussées plus loin.

»La sécurité de l'Etat et la Constitution réclament pour des cas semblables la possibilité de proclamer l'état de siège. Nous demandons par conséquent l'introduction dans le pacte fondamental d'une disposition qui réponde à ce grand besoin de toute société constitutionnelle.

»Depuis l'introduction du jury et la suppression de la peine de mort pour les assassins, les vols à main armée et les meurtres ont pris chez nous une extension effrayante et se produisent avec une audace inouïe. C'est ainsi que nous avons vu se former des bandes de vingt à trente brigands dans les chefs-lieux mêmes de districts et, chose plus grave encore, elles se recrutaient en partie parmi les agents du pouvoir public appelés à défendre la société contre les malfaiteurs.

»Pendant le règne du prince Michel Stourdza, la sécurité personnelle devint absolue après qu'on eût pendu quelques brigands. On n'eut plus à enregistrer ni vols ni assassinats.

»L'expérience en cette matière est plus concluante que certaines théories qui ont eu pour conséquence l'assassinat des bons et l'impunité assurée aux méchants.

»Du reste, la peine de mort n'existe-t-elle pas dans tous les Etats civilisés: l'Angleterre, la France, l'Allemagne, l'Italie, la Belgique?

»Si, à l'avenir, la nation roumaine constate qu'elle peut supprimer, sans danger pour la société, le châtiment suprême, ne pourra-t-elle le faire par une loi déterminée dès qu'elle le voudra?

»En attendant, nous proposons que l'article 18 de la Constitution soit ainsi modifié: «La peine de mort ne pourra être rétablie, sauf le cas prévu par le code pénal militaire et pour assassinat».

»En ce que concerne le jury, vu le mal qu'il a produit jusqu'à ce jour, la mesure la plus rationnelle serait de le suspendre jusqu'au moment où nous aurons un esprit public plus éclairé; il sera alors plus facile aux Chambres de rétablir le jury par une loi spéciale.

»Mais si l'assemblée ne se décidait pas à la suspension du jury, elle devrait du moins améliorer cette institution par le correctif suivant: «Quand le procureur général fait recours en cassation contre un verdict du jury, cette cour a la faculté soit de casser le verdict dans l'intérêt de la loi, soit de renvoyer la cause pour être jugée à nouveau devant les chambres réunies d'une cour d'appel.»

»Passons maintenant, messieurs les députés, messieurs les sénateurs, à la loi électorale inscrite dans la Constitution. Cette loi consacre, en effet, un principe salutaire; consistant à assurer au sein de la Chambre la représentation de tous les intérêts légitimes et vitaux du pays, en divisant à cet effet le corps électoral en quatre collèges. Mais dans ses dispositions de détail elle fausse ce principe.

»Elle le fausse, parce que dans le 1er collège, qui doit comprendre les grands propriétaires, elle fait entrer aussi ceux qui ont un revenu de 300 ducats, alors que chez nous, tout le monde le sait, une propriété d'une étendue à peine moyenne donne un revenu de sept cents ducats.

»La loi électorale fausse encore ce principe, puis-

qu'elle fait entrer dans la catégorie des propriétaires
de terres les propriétaires de maisons et d'entreprises
industrielles, alors que leur place serait ailleurs. D'autre part, les fermiers, dont les intérêts sont étroite-
ment liés à la propriété, doivent voter dans les collèges urbains.

»En outre, la loi électorale confère au 3e collège des
villes un droit abusif, parce que, négligeant d'une façon
absolue les propriétaires et les industriels, grands ou
moyens, des villes, elle laisse le droit de vote dans
les mains des moins imposés.

»Pour faire une juste répartition des droits électoraux dans les villes, il faudrait que ces trois classes
de contribuables exerçassent une égale influence sur
l'élection des députés des villes. Nous proposons, à
cette fin, les mesures suivantes, qui, nous le savons
tous, seront très efficaces.

»Nous ferons encore remarquer que le nombre des
députés des villes est trop grand, en proportion des
intérêts qu'ils représentent.

»Ainsi, il suffirait que Bucarest eut quatre députés,
Iassi trois, Craïova, Galatz, Focshani, Berlad et Botoshani deux et les autres villes un. Pour ces motifs,
nous vous proposons, messieurs les députés, messieurs les sénateurs, les modifications suivantes à la
loi électorale prévue par la Constitution:

Art. 59. Font partie du 1er collège les propriétaires de
terres rurales dont le revenu annuel dépasse 700 ducats.

Art. 60. Font partie également de ce collège les propriétaires de terres rurales dont le revenu annuel est de
700 ducats au plus et de 200 au moins.

Font partie également de ce collège tous les fermiers

qui, bien que n'étant pas propriétaires, ont en ferme une terre dont le bail dépasse 500 ducats.

Art. 61. Le 3e collège des villes est composé de trois classes d'électeurs.

Font partie de la 1re classe tous les propriétaires d'immeubles urbains dont le loyer annuel dépasserait 100 ducats.

Font également partie de cette classe tous les négociants et industriels payant une patente de 1re classe.

Font partie de la 2e classe tous les propriétaires d'immeubles urbains dont le loyer annuel serait de 100 ducats au plus et de 20 au moins.

Dans cette classe sont compris également tous les négociants et industriels payant une patente de 2e classe.

Font partie de la 3e classe les négociants et industriels payant à l'Etat un impôt annuel de 30 francs au minimum.

Sont exempts de cens dans cette classe les professions libérales, les officiers en retraite, les prêtres, les professeurs et les pensionnaires de l'Etat.

Dans les villes qui n'élisent qu'un seul député ou, au plus, deux députés, ces trois classes d'électeurs du 3e collège élisent chacune un candidat; les trois candidats élus désignent à l'unanimité celui d'entre eux qui sera député de ce collège. En cas de divergence, c'est le sort qui décide.

Dans les villes où il y a trois députés à élire, chaque classe du 3e collège élit son député. Quant à celles qui doivent donner quatre députés, la troisième classe élit deux députés à elle seule, et les deux autres classes chacune un député.

Art. 62. Ces trois collèges élisent directement:

Les deux premiers, un député chacun; le 3e, comme suit:

Bucarest 4; Iassi 3; Craiova, Galatz, Ploeshti, Focshani,

Berlad, Botoshani chacune 2; les autres villes chacune un député; en tout 44.

Toutes les villes d'un district forment un seul collège avec le chef-lieu de district.

»Occupons-nous maintenant de l'organisation du Sénat. Dans tous les pays constitutionnels, le Sénat doit être un corps conservateur et pondérateur entre le Trône et la Chambre des députés.

»Il faut, à cette fin, qu'électeurs et élus possèdent une fortune territoriale importante et un certain nombre de sénateurs doivent être, sous de certaines conditions d'admission, nommés directement par la Couronne. Les souverains d'Angleterre, qui est le pays constitutionnel par excellence, jouissent de ce privilège.

»Pour ces motifs, nous vous proposerons les modifications suivantes à la deuxième partie de la Constitution qui traite du Sénat:

Art. 68. Les membres du Sénat sont élus par un dans chaque district par les propriétaires des terres rurales dont le revenu annuel dépasse 1000 ducats au minimum.

Le revenu est prouvé par les registres des impôts.

»Les art. 69, 70 et 71 doivent être supprimés comme n'ayant plus de raison d'être, par suite de la modification de l'art. 68 dans la forme que nous avons proposée.

»Les articles 72 et 73 doivent être maintenus tels quels; quant à l'art. 74, 5e alinéa, indiquant la fortune qu'un candidat doit posséder pour être élu sénateur, il doit être modifié de la manière suivante:

§ 5. Etre propriétaire d'une terre rurale dont le revenu annuel serait d'au moins 1000 ducats.

Art. 75. Le Prince a le droit de nommer directement 16 sénateurs, choisis parmi les personnes qui réunissent les conditions prévues à l'article précédent ou bien parmi celles énumérées plus bas et qui sont exemptes du cens:

a) les présidents ou vice-présidents d'une assemblée législative;

b) les députés qui ont fait partie de trois législatures;

c) les généraux;

d) les colonels ayant trois années de grade;

e) les anciens ministres ou agents diplomatiques du pays; et

f) ceux qui auront occupé, pendant un an, les fonctions de président à la cour d'appel, procureur général ou conseiller à la cour de cassation.

»Parlons maintenant d'un article très intéressant pour le développement de notre agriculture.

»L'article III devrait être modifié de la façon suivante: «Aucune colonisation ne peut avoir lieu dans l'intérieur de la Roumanie au moyen d'une population étrangère, si ce n'est en vertu d'une loi spéciale».

»Nous croyons qu'il serait très utile pour les paysans roumains d'avoir sous les yeux l'exemple salutaire que leur donneraient quelques-unes des colonies allemandes, comme il y en a en Bessarabie. De telles colonies, laborieuses, habiles dans la culture de la terre et dans l'élevage, feraient le plus grand bien au pays si elles étaient installées sur une des terres incultes de l'Etat. Quant au péril qui pourrait résulter de la trop grande multiplication de semblables colonies composées de populations de race étrangère, il n'existerait point, attendu que la Chambre et le Sénat devront être appelés à statuer sur chaque cas de colonisation.

»L'art. 131, qui supprime le conseil d'Etat, doit être rapporté. L'expérience a prouvé que ni les ministres ni les Chambres n'ont le temps et la tranquillité voulus pour préparer utilement les projets de loi.

»Nous ne voulons pas dire par là qu'il faille leur enlever l'initiative législative. Ce droit considérable doit, au contraire, leur être laissé dans toute son intégralité. Mais un conseil d'Etat composé d'hommes capables, ayant la mission spéciale de rédiger les projets de loi présentés par le gouvernement, faciliterait de beaucoup les travaux législatifs et présenterait une véritable utilité.

»Il nous reste, messieurs les députés, messieurs les sénateurs, à vous faire encore une proposition

»La loi communale en vigueur abandonne à la foule l'élection des conseils municipaux.

»Ce système, mauvais et injuste, a produit les plus tristes résultats.

»Les conseils municipaux des villes sont devenus l'apanage d'une clique, ce qui a engendré la démoralisation et toutes sortes d'abus; quant aux conseils ruraux, composés de paysans sans instruction et sans position sociale, ou ils sont inertes, ou, lorsqu'ils exercent une action propre, ils cherchent à frapper les intérêts les plus légitimes de la grande propriété.

»Ce mauvais état de choses découle d'une flagrante injustice.

»Le principe équitable qui veut que tous les intérêts vitaux du pays soient représentés, ce principe salutaire qui a été respecté dans la composition des Corps législatifs, a été violé dans la composition des conseils municipaux.

»Pour ces motifs, nous vous proposons, messieurs les députés, messieurs les sénateurs, la disposition législative suivante:

«Le conseil municipal se compose comme suit: un tiers des conseillers est élu par les propriétaires d'immeubles urbains qui justifieront d'un revenu d'au moins cent ducats. Dans cette catégorie entrent aussi les commerçants et les industriels payant une patente de 1re classe.

»Le deuxième tiers est élu par les propriétaires d'immeubles urbains qui justifieront d'un loyer de vingt à quatre-vingt-dix-neuf ducats.

»Dans cette catégorie entrent aussi les commerçants et les industriels payant une patente de deuxième classe. Le troisième tiers est élu par les propriétaires, commerçants et industriels payant un impôt de trente francs par an au moins. Sont exempts du cens dans cette classe toutes les professions libérales, les officiers en retraite, les prêtres, les professeurs et les pensionnaires de l'Etat».

»De cette façon, tous les éléments vitaux seront représentés dans les conseils municipaux, comme ils le sont dans les Chambres.

»Les maires doivent être nommés directement par le Souverain, afin que le gouvernement ait son représentant au sein de ces conseils, d'où dépendent à un si haut degré la tranquillité et la prospérité des villes.

»En ce qui concerne les conseils ruraux, et afin que la propriété soit représentée, il faut adopter la proposition suivante :

«Celui qui dans une commune a autant de terre en propriété que tous les autres habitants ensemble est de droit membre du conseil communal.

»Il peut se faire représenter par délégation».

»Messieurs les députés,

»Messieurs les sénateurs,

»Nous faisons ces propositions avec la ferme conviction que vous les prendrez en sérieuse considération et que vous les introduirez dans nos institutions et dans nos lois. Mais si elles n'étaient pas adoptées, nous, électeurs, nous ferons une propagande active pour empêcher d'être réélus à l'avenir ceux des députés qui n'auront pas soutenu nos idées. Nous espérons que nous finirons ainsi par obtenir une assemblée qui répondra aux besoins du pays.

› Si, au contraire, vous adoptez ces mesures législatives, qui, seules, peuvent soustraire notre pays à l'anarchie et à sa perte, alors, messieurs les députés, messieurs les sénateurs, vous vous serez acquis des droits à la reconnaissance publique pour le bien que vous aurez fait à notre patrie.

Gr. M. Stourdza, D. Cornea, Petre Rosetti Balanesco, L. Cantacuzène, Costaki D. Stourdza. le général G. Ghika, Jean Prajesco, le général N. Mavrocordato, lt. K. Mavrodi, K. Haritonesco, dr. G. Sakelarie, Nicolas Burki, B. Baronzi, colonel Pavlov, C. Sion, M. Mihalake, L. Mihalake, C. Carp, Gr. Carp, G. Dimake, P. Papadopol, A. Kisseleff, Jean Katziki, Th. Aslan, Andrei Millo, I. Teut, A. Gusti, Anastase Giulei, D. Trifan, I. Holban, M. Hriste, K. Angonesco, St. Iamandy, colonel Afendule, Al. Gr. Soutzo, D. Castroiano, I. Kornea, C. Pavlov, Grigoresco, K. Pancrati, G. Mircea, C. Bossie, N. Negrutzi, Anastase Léon, M. Cerkez, G. C. Negruzzi, I. P. Stourdza, A. Cernea, G. Skeletti, I. Constantin, Lascar M. Oprishano, I. G. Becher, D. M. Gavrilesco, Avram Ioan, G. Tiron, G. Prale, D. K. Lupu, C. Parashivesco Naiman, Al. Sofian, I. Costinesco, G. Palade Stegaresco, D. Mangirof, Dumitru Ioan, G. Niculau, I. Codreano, I. Stefanov, D. Koste, Vasile Vasile Gheorghiu, Mafteiu, Popovici, V. Mafteiu Ioan Kitzo, D. Zotta, C. Bottez, A. Nicolau. G. H. Paun, Jean Kosmesco, N. Soutzo, V. Branistéano, D. Gherghel, I. Albinet, E. Filipesco, V. Gheorghiu, Stefaniu, M. Hagiu, Samuil Popa, I. Pandelea, Sc. Teutu, S. A. Vrabie.

«Nous soussignés, députés, nous ralliant aux idées exprimées dans cette pétition, nous engageons à la présenter aux Corps législatifs».

C. D. Stourdza, V. Pogor, M. Kostake, général N. Mavrocordato, Iacob C. Negrutzi, G. Stourdza, Gh. Racovitza, T. Maïoresco, Démètre Cornea.

III

LA PROCLAMATION DE 1848

Voici le texte de la proclamation qui, lancée le 15 juin 1848, appelait les Roumains aux armes:

Au nom du Peuple roumain·

> «Dieu est le Seigneur et il s'est
> «révélé à nous; béni soit celui qui
> «vient au nom du Seigneur».

Respect à la propriété — Respect aux personnes

«Frères roumains!

»Le moment de notre salut est venu; le Peuple roumain se réveille au son de la trompette de l'ange du salut et a conscience de son droit de souverain. Paix à vous, car c'est la liberté qu'on vous annonce!

»Le Peuple roumain se lève, s'arme, non pas en vue de la lutte d'une classe contre une autre, ni pour rompre les liens de ses relations extérieures, mais pour tenir en respect et pour réduire les ennemis de la prospérité publique. Le cri des Roumains est un cri de paix, un cri de fraternité. Tout Roumain a le droit d'être appelé à prendre part à ce grand acte de salut, personne n'en est exclu; tout Roumain est un atome de la souveraineté entière du Peuple: paysan, artisan, commerçant, prêtre, soldat, étudiant, boyard, prince, chacun est fils de la Patrie et, d'après notre Sainte Ecriture, il est plus que cela, il est fils de Dieu. Nous portons tous le même nom de Roumain.

Ce nom nous rend tous frères, il fait cesser tous les intérêts et éteint toutes les haines. Paix à vous! Liberté à vous!

»Ce soulèvement est pour le bien, pour le bonheur de toutes les classes de la société, sans nuire à personne. Il ne faut pas que le plus grand nombre soit lésé par la minorité, car c'est injuste; mais il ne faut pas non plus que les moins nombreux soient frappés par les plus nombreux, car c'est la violence.

»En ce qui concerne ses relations extérieures, le Peuple roumain ne contrarie personne; il respecte toutes les puissances et demande qu'elles respectent aussi ses droits stipulés dans les traités de Mircea et Vlad V; il reconnaît tous les traités conclus, depuis, entre la Sublime Porte et la Russie et proteste contre tout acte qui a été dirigé contre ces traités. Le Peuple roumain veut, avec une volonté ferme, conserver l'autonomie de son administration, l'autonomie de sa législation, son droit souverain dans les affaires intérieures et resserrer davantage ses liens avec la Sublime Porte par les lumières du siècle. Cette volonté est légale, elle est conforme aux traités et n'est au détriment de personne.

»Le Peuple roumain rejette un règlement qui est contraire à ses droits législatifs et aux traités qui lui reconnaissent son autonomie.

»Cette répudiation est au profit de la Sublime Porte elle-même, qui sera dorénavant l'arbitre de la situation en même temps que la France, l'Allemagne et l'Angleterre, desquelles les Roumains réclament justice et aide contre toute oppression dont ils seraient victimes.

»Le Peuple roumain décrète la responsabilité des ministres et, en un mot, de tous les fonctionnaires publics; et puisque l'irresponsabilité n'est l'apanage de personne, ni par héritage, ni par convention, personne n'y perd rien et la décision du peuple est sacrée.

»Le Peuple roumain veut une patrie forte, unie dans l'amour, composée de frères et non d'ennemis; il décrète, par conséquent, en vertu de ses anciennes coutumes, les mêmes droits civils et politiques pour tous les Roumains.

»Quiconque ne veut pas cela est l'ennemi de la félicité publique, est un Caïn, assassin de son frère, dans le sein de la Mère-Patrie.

»Le Peuple roumain veut la justice et la justice est à Dieu. La justice ne souffre pas que les pauvres seuls portent les charges du pays et que les riches en soient exempts.

»Par conséquent, il décrète la contribution générale d'après le revenu de chacun. Cela enrichit la Patrie et une patrie riche est au profit de tous et n'est par conséquent au détriment de personne.

»Nous appelons tous les citoyens aux mêmes droits et aux mêmes devoirs dans une patrie juste et florissante, qui ne pourra plus à juste titre souffrir ce contrôle étranger.

»Le Peuple roumain rend aux Etats leurs droits anciens d'avoir des représentants à l'Assemblée générale; décrète à partir d'aujourd'hui une élection large, libre, juste, à laquelle tout Roumain a le droit d'être appelé, tandis que, seule, la capacité, la bonne conduite, les vertus et la confiance publique donnent le droit d'être élu.

»Cela ne nuit en rien aux hommes bons et justes, et les Roumains ont toujours été bons. Les étrangers le savent et un ancien proverbe dit : «Bon pays, mauvaise organisation». Ce décret n'est au détriment de personne, parce qu'il ne changera que l'organisation.

»Le Peuple roumain décrète la liberté de la presse, la liberté de la parole, les réunions libres, dans lesquelles on puisse dire et lire librement la vérité. La vérité, les idées, les connaissances viennent de Dieu, au profit général des hommes, comme le soleil, l'air, l'eau, et sont, par conséquent, la propriété de tous. Et s'il convient de respecter la propriété particulière, d'autant plus est inattaquable et sacrée la propriété universelle. Obscurcir la vérité, éteindre les lumières, empêcher le progrès par la suppression de la presse est une trahison envers Dieu. La liberté ne peut nuire à personne, si ce n'est aux fils des ténèbres. .

»Le Peuple roumain veut la paix, veut la force, veut la garantie de ses biens matériels, moraux et politiques; il décrète, par conséquent, la garde nationale, dans laquelle tout Roumain est soldat, car tout Roumain est un gardien de la félicité publique, une sentinelle des libertés publiques. Cela ne nuit à personne, si ce n'est à ceux qui conspirent contre les droits de la Patrie.

»Le Peuple roumain appelle tous les Etats au bonheur, reconnaît les bienfaits du commerce, il sait que l'âme du commerce est le crédit, qui ne lui a jamais été facilité par le système passé. Il décrète donc une banque nationale, mais avec des fonds nationaux.

»Le Peuple roumain, dans sa générosité et dans sa foi, s'agenouille devant les Saints-Lieux et enverra dorénavant au Saint-Tombeau et à d'autres établissements religieux de l'huile, de l'encens, des cierges et même de l'argent pour l'entretien d'écoles et de prêtres pour la gloire de Dieu; et toujours pour la vraie

glorification de celui qui a été crucifié, pour la délivrance des pauvres. Il décrète que l'excédent des revenus des monastères appartient au pays pour émanciper
et secourir les pauvres et veut que les biens des monastères dédiés soient soustraits à tout abus. Le peuple roumain donne à Dieu ce qui est à Dieu et prend
aux pharisiens ce qui n'est pas aux pharisiens, afin
de le donner au pauvre, qui est frère du Seigneur.
Cela n'est pas au détriment des Roumains, mais pour
leur salut et la gloire des Saints-Lieux.

»Le Peuple roumain distribue la justice d'une façon
égale pour tous et cette justice il la donne à tous et
surtout aux pauvres.

»Les pauvres, les paysans, les laboureurs qui nourrissent les villes, les vrais enfants de la patrie dont
le nom glorieux de Roumain a été si longtemps dif-
famé, qui ont porté toutes les charges du pays par
leur labeur à travers les siècles, ont labouré les
terres et les ont améliorées, ont nourri les ancêtres
des propriétaires, leurs aïeux, leurs pères et les
propriétaires eux-mêmes, ces paysans, qui ont droit
à la générosité de ces derniers et à la justice de la
Patrie, demandent un morceau de terre pour subve-
nir à l'entretien de leur famille et à la nourriture de leur
bétail, gagné à la sueur de leur front pendant de nombreux siècles. Ils le demandent et la Patrie le leur
donne.

»Mais la Patrie, comme une mère bonne et juste
dédommagera chaque propriétaire du petit lopin qu'il
donnera au pauvre qui n'a pas de terre, suivant ainsi
la voie de la justice, de l'évangile, des beaux sentiments roumains, d'un cœur bon dans lequel l'étranger
a toujours trouvé une place qui ne saurait être refusée

à leurs frères, à ceux qui les nourrissent et qui sont leur véritable force. La corvée et l'infâme servage sont donc supprimés; sont également supprimées les prestations en nature; le paysan sans terre devient propriétaire et, par là, disparaît la force invincible du plus riche au profit de tous, sans nuire à personne; le Trésor indemnisera tout le monde.

»Le Peuple roumain, d'après ses anciens droits, veut que le Souverain, dans lequel est personnifiée sa souveraineté, soit fort par l'amour public, juste, éclairé, bienveillant envers la patrie, un homme accompli, et pour qu'il puisse élire un homme ayant ces qualités, il décrète, d'après ses anciennes coutumes, qu'il le cherchera dans toute la nation et non plus dans un cercle restreint d'hommes. La souveraineté n'est pas l'héritage d'une famille; elle est à la Patrie. C'est elle qui la donne à celui de ses fils qu'elle choisit. Une pareille élection resserre davantage nos liens avec la Sublime Porte, attendu qu'on élimine ainsi les quelques personnes qui peuvent être influencées au détriment de la Sublime Porte et du Peuple roumain.

»Le pouvoir souverain procède de Dieu et dans tout pays il se trouve quelque part. Dans le pays roumain, c'est le Peuple roumain qui a le droit de nommer le chef le plus élevé de la Patrie. Par conséquent, le Peuple, ayant le droit souverain, peut en revêtir qui bon lui semblera et pour le nombre d'années qu'il jugera utile. Il décrète donc que la souveraineté sera conférée à celui qu'il aura élu seulement pour cinq ans, afin d'éviter les rivalités et les haines prolongées et pour provoquer l'émulation parmi les citoyens, en vue d'être bon, accompli et utile à la Patrie, et de s'attirer la confiance publique.

»Le Peuple roumain répudie tout titre qui a été introduit par corruption à l'instar des titres étrangers et contrairement à nos anciennes mœurs. Le souverain est élu parmi les citoyens et après son règne il redevient simple citoyen, fils de la Patrie. Le souverain n'a pas été et n'est pas prince, tout citoyen est souverain, souverain est aussi le chef de l'Etat. C'est là le titre connu de tous les Roumains.

»Le mot prince n'est connu que de ceux qui savent les langues européennes. Les mots: *très savant, très éclairé* sont des traductions du langage des phanariotes, amateurs de titres.

»Vu les nombreux besoins que la Patrie a actuellement, soit pour payer les indemnités, soit pour la prospérité de la Patrie, le Peuple roumain ne peut plus donner au Souverain une liste civile aussi grande, d'autant plus qu'il est absolument nécessaire que le chef de l'Etat donne l'exemple de la simplicité et d'une vie sobre.

»Les mots *noble, noblesse* sont inconnus du Peuple roumain. La chose est plus inconnue encore, car rien n'a été héréditaire dans ce pays, ni rang, ni titre, sauf la propriété et le nom de famille. Le Peuple roumain décrète donc la suppression de tous les rangs nobiliaires qui ne répondent pas à une fonction et qui ne nous rappellent que les temps de la barbarie et de la servilité.

»Le Peuple, protestant contre les mesures arbitraires et illégales qui consistent à frapper d'une taxe l'enseignement, dont est exclu le pauvre, l'orphelin, l'enfant de la veuve, protestant contre la mauvaise pensée de dégrader et de tuer la nationalité par l'élimination de la langue nationale des écoles, décrète un enseignement égal pour tous, progressif, intégral, autant que possible, suivant les facultés de chacun et sans aucune taxe; il décrète à Bucarest une école polytechnique, une Université à Bucarest et une à Craïova et un lycée ainsi que des pensionnats pour les deux sexes; un lycée et un pensionnat dans chaque district, une école normale dans chaque arrondissement, une école primaire bien organisée dans chaque village.

»Il décrète que les sciences soient enseignées, comme jusqu'ici, dans la langue de la patrie et que cette langue soit cultivée en vue de son développement, d'après sa nature et son origine, imprimée avec ses caractères, tant dans les livres profanes que dans les livres sacrés, ainsi que l'introduction de ces mêmes caractères dans toutes les chancelleries.

»En ce qui concerne ce chapitre de l'enseignement, le gouvernement sera obligé, sous sa responsabilité, d'apporter la plus grande diligence à la création d'établissements d'éducation publique; et de même qu'aucun chrétien ne peut naître ni mourir sans être baptisé, de même aucun fils de citoyen qui est actuellement âgé de douze ans et ceux qui naîtront à l'avenir ne resteront sans instruction, car sur l'instruction est basé l'avenir du pays, l'application de la garantie vraie des institutions de la patrie.

»Le Peuple roumain rejette la honte, l'infamie d'avoir des esclaves et décrète la liberté des Tziganes, propriété des particuliers. Ceux qui ont toléré jusqu'ici la honte du péché d'avoir des esclaves sont pardonnés par le Peuple roumain et la patrie, comme une bonne mère, indemnisera sur les fonds du Trésor tous ceux qui se diront lésés par cet acte chrétien.

»Le Peuple, décrétant une fois les droits civils et politiques que le citoyen a eus tout le temps, déclare que tout Roumain est libre, que tout Roumain est noble, que tout Roumain est un souverain; par conséquent, il supprime dorénavant tout châtiment corporel et déchire sur le visage des bourreaux tout fouet et toute verge, qui dégrade la dignité des citoyens. La peine corporelle est donc abolie dans toute l'administration et surtout dans les rangs de l'armée.

»Le Peuple roumain, bien qu'il ignore l'existence de la peine de mort, mais puisque souvent dans les instances criminelles les juges du vieux système ont osé prononcer des sentences de mort, sans qu'elles aient été cependant appliquées, décrète l'abolition absolue de la peine de mort tant dans l'application que dans les sentences.

»Le Peuple roumain, vu les interruptions qui se sont produites dans ses relations avec la Sublime Porte, surtout à partir de 1828, vu que son représentant à Constantinople est un étranger, demande à entretenir des relations directes avec la Sublime Porte et à avoir un représentant à Constantinople, pris parmi les Roumains. En résumé, le Peuple roumain, récapitulant, décrète:

»1. Son indépendance administrative et législative sur la base des traités de Mircea et de Vlad V et la non immixtion d'une puissance quelconque du dehors dans ses affaires intérieures.

»2. L'égalité de ses droits politiques.

»3. Une contribution générale.

»4. Une assemblée générale composée de représentants de tous les états de la société.

»5. Un souverain responsable élu pour cinq ans et choisi dans tous les états de la société.

»6. La réduction de la liste civile.

»La suppression de tous les moyens de corruption.

»7. La responsabilité des ministres et des fonctionnaires dans les fonctions qu'ils occupent.

»8. La liberté absolue de la presse.

»9. Toute récompense viendra de la Patrie par ses représentants et non du Souverain.

»10. Le droit de chaque district d'élire ses administrateurs, droit qui résulte de celui du Peuple entier d'élire son Souverain.

»11. La garde nationale.

»12. L'émancipation des couvents dédiés.

»13. L'émancipation des corvéables, qui deviennent propriétaires par indemnisation.

»14. L'émancipation des Tziganes, par indemnisation.

»15. Une représentation roumaine à Constantinople,

»16. L'instruction égale et entière pour tous les Roumains des deux sexes.

»17. La suppression des grades dont les titulaires n'ont pas de fonctions.

»18. L'abolition de la peine dégradante de la fustigation.

»19. La suppression, de fait et en parole, de la peine de mort.

»20. L'établissement de pénitenciers où les criminels expient leurs péchés pour en sortir corrigés.

»21. L'émancipation des israélites et les droits politiques pour tous les compatriotes de confessions différentes.

»22. La convocation immédiate d'une assemblée générale extraordinaire constituante représentant tous les intérêts et tous les métiers de la Nation et qui devra voter la Constitution du pays sur la base de ces 21 articles décrétés par le Peuple roumain.

»Cette assemblée laissera comme un héritage aux générations futures cette Constitution et elle devra, en outre, la parfaire par une loi disposant que, tous les quinze ans, le peuple élira des députés extraordinaires qui, réunis en assemblée extraordinaire, introduiront les réformes exigées par l'esprit de l'époque. De cette façon, on obviera dorénavant à la déplorable nécessité de demander des réformes à main armée et nos enfants et nos petits-enfants seront heureux de la nécessité dans laquelle s'est trouvé aujourd'hui le Peuple roumain.

»Ces décisions procèdent de la volonté générale du pays; on lui rend d'anciens droits, conformes aux lois, conformes aux traités. La Sublime Porte, s'inspirant de la générosité et aussi de ses intérêts, les accepte. Quant à la Russie, son rôle est de nous garantir nos droits, s'ils étaient violés du dehors, surtout si nous voulons nous retremper dans ces droits. Au cas où la Russie nous serait hostile, elle prouverait au monde entier qu'elle a eu des arrière-pensées à notre égard et à l'égard de la Turquie. L'archipasteur du pays nous bénira, s'il est pasteur selon la loi du Christ, il signera ce décret avant tous, s'il veut encore nous diriger et s'il est pénétré de l'esprit de l'Evangile. Le Souverain du Pays ne peut pas être contre nous, car il est son élu et ne peut empêcher ce fait de s'accomplir sans s'attirer le nom de traître à la patrie et de rebelle à l'égard de la Sublime Porte.

»Les boyards n'ont aucun motif de ne pas l'accepter, car ils ne perdent rien, et cela d'autant moins que par leur adhésion ils feront preuve de l'élévation d'âme qui doit caractériser toujours les premiers de la nation. Nos aïeux nous ont assuré, au prix de leur sang, une patrie. La mission des boyards est de consacrer la justice du ciel, la justice de l'Evangile; leur mission actuelle a aujourd'hui plus de poids devant Dieu.

»Les commerçants, les artisans, les paysans bénissent ces décrets; ils les réclament, les exigent et, bien qu'ils n'aient pu parler jusqu'ici, ils les ont demandés par leurs yeux, par leurs mains, de tous leurs mouvements, comme l'altéré, brûlé par la soif, demande de l'eau, comme l'asphyxié, le noyé demande de l'air.

»Frères Roumains! Soldats qui êtes nos fils et nos frères, veillez à maintenir le bon ordre, car c'est là votre devoir. Mais n'obéissez pas lorsque ceux qui nous veulent et vous veulent du mal vous ordonneront de tirer sur vos frères et de vous souiller les mains du sang de ceux qui se lèvent pour votre bien et pour le bien de vos pères.

»Les décisions, les nouvelles lois du Peuple roumain vous élèvent à la dignité d'homme, suppriment les charges qui vous faisaient considérer comme des animaux, vous ouvrent la possibilité de devenir aussi des officiers, quand vous le mériterez, vous soulagent, accordent des droits à vos pères et à vos frères. Quand vous aurez quitté l'armée, une Patrie vous attendra désormais et non plus la corvée et le fouet du dorobantz. Ceux qui vous ordonneront de tirer sur vos frères, ne les écoutez pas, car ils ne sont pas Roumains, ou, s'ils le sont, ils sont vendus et vous vendront aussi, afin que vous alliez remplir les fossés de vos corps, en buttant contre les bienfaiteurs de l'humanité!

»Officiers roumains! Vos camarades de l'Europe vous ont donné l'exemple. L'Europe civilisée vous regarde. Vous avez ceint l'épée pour maintenir l'ordre et pour lutter contre les ennemis de la patrie. Maintenez donc l'ordre, car vous le comprenez mieux que nos soldats et vous connaissez les véritables ennemis de la Patrie. Tirez vos épées, faites les briller à la face du soleil, de la justice et de la liberté de la Patrie. Voilà la voie la plus glorieuse qui s'ouvre pour vous dans les annales de la Patrie.

»Estimez-vous heureux de vous être trouvés à la tête de vos camarades en ce grand jour qui nous est venu de Dieu et qui, en entrant dans l'éternité, se présentera de nouveau devant Dieu avec sa mission remplie et le front couronné de vos noms comme des étoiles de salut du Peuple roumain. Et si vos commandants vous ordonnent de marcher contre vos frères, vous n'aurez à obéir qu'à la voix du Peuple souverain; brisez vos épées plutôt que de verser son sang. De pareils commandants seront animés de l'esprit du démon.

»Et Satan aussi a été capitaine des bandes célestes, mais les anges de la paix et de l'amour lui ont arraché les ailes. Arrachez aussi les épaulettes de tout capitaine traître qui donnera l'ordre que la moindre goutte de sang soit versée.

»Pieux prélats, archiprêtres, prêtres, vous remplissez le rôle des apôtres et aujourd'hui on proclame des lois au nom de l'Evangile. C'est votre charge, votre devoir de sortir la croix à la main pour fermer les bouches des canons qui donnent la mort. Le Christ est ressuscité et a mis fin à la mort et à l'esclavage. Vous devez dire au monde que tout homme qui veut encore l'esclavage, qui n'a pas pitié du pauvre, de la veuve, de l'orphelin, est un antechrist. Revêtez vos vêtements sacrés, armez vous de la croix et chantez le psaume 108 contre tout traître à la Patrie.

»Boyards, vous avez été généreux avec les étrangers, vous les avez reçus, nourris, enrichis, vous les avez appelés à partager avec vous nos droits; vous ne serez pas la honte de la Patrie devant l'étranger; vous ne souffrirez pas qu'une tache soit imprimée à votre nom, vous ne laisserez pas une malédiction sur vos enfants, vous ne les condamnerez pas à rougir du nom que vous leur laisserez en héritage.

»Donnez, dans la bonté de votre belle âme, le bonheur à vos frères, sans dommage pour vous, car Dieu vous le rendra au centuple et les institutions nouvelles et justes décupleront bientôt vos revenus. Prêtez tous la main à réunir toutes les classes sociales en un seul corps, que nous puissions nommer *Nation*.

»Citoyens, prêtres, boyards, soldats, négociants, artisans de toutes les classes, de toutes les nationalités, de toutes les religions, de la capitale comme des autres villes, Grecs, Serbes, Bulgares, Allemands, Arméniens, Israélites, armez-vous pour maintenir l'ordre et concourir à la grande œuvre. La Patrie est aussi bien à vous qu'à nous. Il vous plait d'y habiter et elle vous reçoit. La vieille organisation ne vous avait pas conviés à la table commune. Désormais, nous n'aurons plus qu'une même table, une table de fraternité va être dressée; nous aurons tous les mêmes droits.

»Et vous, paysans bénis, frères de Jésus-Christ, votre travail, le pain et le vin se transforment en chair et sang du Christ; vous êtez les fils du Ciel, les fils de

la paix et de la force; c'est vous qui nous nourrissez;
vous avez pleuré et vous vous réjouissez, vous avez
été assoiffés de justice et vous vous désaltérerez,
c'est vous que le Sauveur du monde a voulu rendre
heureux; vous le serez dans ce monde comme dans
l'autre. Restez donc à votre place, car le grand jour
est arrivé; occupez-vous de nos champs, que la Patrie
vous donne aujourd'hui et qui sourient devant vous
et vous convient au bonheur. Et comme il se peut
que l'esprit du mal, le Diable, vous suscite des ennemis qui envient votre salut et votre bonheur, envo-
yez de chaque village un prêtre dévot et trois délégués qui réclament la justice à laquelle vous avez
droit. La justice, tout le monde vous la rendra à
pleines mains et les larmes aux yeux. Quant aux
prêtres, ils liront les blasphèmes de Saint-Basile, afin
de chasser le mauvais esprit du pays

»Altesse, Souverain élu du Pays !

»Le Peuple roumain pleure des larmes de douleur
de devoir faire appel à toi après tous les autres et il
dépend de Ton Altesse de se mettre à la tête de tous.

»La Patrie t'a élu, tu as été son fils le plus aimé,
mais ton gouvernement a été problématique, tu t'es
montré aux yeux de la Patrie et du monde comme
le fils prodigue de l'Evangile. Rentre dans la bonne
voie et la Patrie mettra l'anneau à ta droite et im-
molera le veau gras. Nous ne te demandons pas ta
parole, car tu es notre frère, tu es Roumain. Ta parole, tu la donneras devant la conscience de Ton Altesse, devant Dieu. Nous ne savons pas si ce que tu
as fait a été fait de bon ou de mauvais gré. Maintenant,
le moment est venu de montrer au monde que tu as
été et que tu es Roumain; maintenant il est temps de

jeter le voile sur le passé afin que tu ne laisses pas
à tes enfants un nom terni.

»La Patrie te réclame comme son enfant, elle déchire ses vêtements, se frappe la poitrine et court de
droite et de gauche, afin d'obtenir qu'aucun de ses
fils ne périsse, afin qu'aucune goutte de sang roumain
ne soit versée. Sois donc à elle, de même qu'elle veut
que tu sois à sa tête dans ce grand événement.

»Ecris une belle page dans l'histoire roumaine. Ne fais
pas que tes enfants puissent avoir honte, en France,
de leur père; ne laisse pas le pays sans chef dans les
circonstances actuelles, en proie à l'intrigue qui résul-
terait de l'anarchie, car alors malheur à nous, trois
fois malheur à Ton Altesse. (1)

»Frères Roumains! Ne craignez aucune pression illé-
gale du dehors, car nous ne sommes plus au temps
de la violence et du droit du plus fort. Maintenez
seulement l'ordre à l'intérieur, armez-vous seulement
comme garde nationale pour défendre nos droits et
pour former la croisade de la fraternité des peuples
au-dehors. Réunissez-vous tous sous les drapeaux de
la Patrie. Les trois couleurs nationales sont l'arc-en-
ciel de vos espérances. La croix qui plane au-dessus
d'elle rappellera à la Russie qu'elle est chrétienne.

»La croix sera posée à nos frontières et le Russe
n'envahira pas notre pays sans fouler d'abord aux
pieds la croix devant laquelle il s'agenouille. S'il ne
recule pas devant ce signe, nous enverrons au-devant

---

1) Le Prince Georges Bibesco, membre correspondant
de l'Académie française, dans son ouvrage *Le Règne de
Georges Bibesco*, proteste contre les accusations qui ont
été portées contre son père, l'ancien prince régnant de
Valachie.

de lui non pas des armées que nous n'avons pas, mais nos prêtres, nos vieillards, nos mères, nos enfants, qui, accompagnés de l'ange du Seigneur, veillant sur ceux qui luttent en son nom, pousseront un cri jusqu'aux confins de la terre et on saura que les Roumains n'ont rien enlevé aux Russes et qu'ils ne les veulent pas dans leur pays. Les prêtres mettront l'évangile, base de nos lois, sur leur chemin, afin qu'ils le foulent aux pieds pour venir asservir un peuple qui a toujours voulu son bien et lui a rendu des services dans ses guerres.

»On a dit jusqu'à ce jour que la Russie est la garante de nos droits. Nous, dans notre appel, nous ne demandons que nos droits, et nous protestons d'avance devant la Sublime Porte, la France, l'Allemagne, l'Angleterre, contre toute invasion de notre territoire, invasion qui troublerait notre bonheur et détruirait notre indépendance intérieure.

»Le Peuple roumain déclare enfin, en présence de Dieu et des hommes, que si sa proclamation est animée de l'esprit de la paix, s'il n'emploie aucune menace et respecte les lois et les traités, cela prouve son amour de la légalité.

»Cela prouve aussi qu'il adore également sa liberté et celle des autres nations; que, voulant se retremper dans ses droits, il sait respecter ceux des autres. C'est ce sentiment qui le fait parler ainsi et non la peur, car les Roumains forment une nation de huit millions d'âmes et, à toute invasion du dehors menaçant ses libertés, chacun saura défendre son foyer et l'étranger ne pourra en dernier lieu, dans le cas le plus malheureux, que s'emparer de notre terre si Dieu ne veille pas, mais non pas des hommes. Aucun Roumain ne vivra plus après la mort de l'indépendance de sa Patrie.

»Frères, Roumains! Respectez la propriété et les personnes, groupez-vous le plus nombreux possible, armez-vous tous, mais imitez vos frères transylvains dont tant de myriades se sont réunis sans le moindre tumulte, sans le moindre désordre. N'ayez aucune crainte autre que celle de Dieu et alors vous pouvez crier sans honte: «Dieu est avec nous!»

»Dieu est avec nous, frères, nous vivons en son nom et l'ange de la vengeance divine détruira tout ennemi et abattra le cheval et le cavalier; ses chars et ses armes seront épars comme la poussière et ses projets dissipés comme la fumée.

»Aux armes, Roumains! aux armes pour le salut!»

IV

LES ÉVOLUTIONS ÉLECTORALES EN ROUMANIE

DEPUIS 1858

LA CONVENTION DE PARIS, 19 AVRIL 1858

Dans chaque principauté il y a une Chambre unique, dite assemblée élective (*Adunarea electivă*) élue pour sept ans (art. 16). Le Métropolitain et les évêques font partie de droit de cette assemblée. La présidence en appartient au Métropolitain. Le vice-président et les secrétaires sont élus par la Chambre. Une commission centrale, ayant son siège à Focshani, tient lieu de conseil d'Etat.

Le système électoral est organisé par la deuxième annexe, qui fait partie intégrante de la Convention. Elle contient vingt-trois articles. En voici les principales dispositions.

L'Assemblée élective se compose, dans chaque principauté, des membres élus par les districts et par les villes.

Les électeurs sont ou primaires ou directs.

Est électeur primaire dans les districts quiconque justifie d'un revenu foncier (rural) de cent ducats (1200 fr.) au moins.

Est électeur direct :

Dans les districts, quiconque justifie d'un revenu foncier rural de mille ducats (12.000 frcs) au moins;

Dans les villes, quiconque justifie d'un capital foncier, industriel ou commercial de dix mille ducats, lui appartenant en propre ou dotal.

Pour être électeur il faut être âgé de vingt-cinq ans révolus· et né ou naturalisé Moldave ou Valaque.

Les électeurs primaires, dans les districts, nomment dans chaque arrondissement respectif (plasă) trois électeurs, lesquels, réunis aux chefs-lieux des districts, élisent un député par district.

Dans les villes, les électeurs directs élisent:

A Bucarest et à Iassi, trois députés.

A Craïova, Ploïesti, Braïla, Galatz et Ismaïl, deux députés.

Dans les autres villes, chefs-lieux de district, un député.

Les électeurs de chaque catégorie s'assemblent en des collèges spéciaux pour procéder à leurs opérations respectives.

(Les électeurs sont donc divisés en trois collèges: 1. Le collège des grands propriétaires ruraux (1000 ducats de revenu) 2. le collège des électeurs des villes (6000 ducats de capital) 3. le collège composé des délégués élus par les électeurs ruraux indirects jouissant d'un revenu de 100 ducats (chaque arrondissement élit trois délégués).

Est éligible indistinctement dans tous les collèges, quiconque, étant né ou naturalisé Moldave ou Valaque, est âgé de trente ans révolus et justifie d'un revenu du quatre cents ducats au moins.

Les opérations électorales sont vérifiées par l'Assemblée, qui est seule juge de leur validité.

LE STATUT DU PRINCE AL. COUZA

Décret-loi promulgué le 2 juillet 1864

Après le coup d'Etat du 2 mars 1864, le Prince Couza décréta, le 2 juillet, la loi connue sous le nom de *Statut*, qu'il présenta comme un acte additionnel à la convention de Paris et qui était destinée à rétablir l'équilibre entre les pouvoirs de l'Etat.

Avant de reproduire les principales dispositions de la nouvelle loi électorale, nous croyons utile de résumer les articles du Statut relatifs à la création d'un Sénat.

Le Statut institue un corps pondérateur (Sénat), auquel il confère quelques-unes des attributions de l'ancienne commission centrale. Le corps pondérateur se compose: des Métropolitains du pays; des évêques diocésains, du premier président de la cour de cassation, du plus âgé des généraux en activité et, en outre, de 64 membres nommés par le Prince, la moitié parmi les personnes qui ont occupé les plus hautes fonctions de l'Etat et l'autre moitié parmi les membres des conseils généraux des districts. Le Souverain en élit un par district sur une liste de présentation de trois candidats.

Les membres du corps pondérateur nommés par le Prince se renouvellent par moitié tous les trois ans. Ils peuvent être nommés à nouveau.

Les membres du corps électoral reçoivent une indemnité de trois ducats (36 fr.) par jour, pendant la durée de la session.

Le Métropolitain primat de Roumanie est le président de droit du corps pondérateur. Le Prince nomme un vice-président; le second vice-président et les autres membres du bureau sont élus par l'assemblée.

Les ministres ont le droit de prendre la parole au sein du corps pondérateur.

Ce corps seul a le droit de recevoir les pétitions et de les discuter, le cas échéant.

Voici maintenant le nouveau système pour l'élection des députés.

L'Assemblée élective est maintenue, mais le mode de recrutement de ses membres est radicalement modifié.

L'élection des députés se fait à deux degrés.

Les électeurs primaires sont tous ceux qui concourent à l'élection des conseils municipaux (à l'exception des étrangers, qui, ayant obtenu la petite naturalisation, sont électeurs communaux) à savoir:

Dans les communes rurales: tous les Roumains âgés de vingt-cinq ans révolus, domiciliés depuis six mois dans la commune, et qui paient un impôt de 48 francs.

Dans les communes urbaines: tous les Roumains qui, satisfaisant aux conditions d'âge et de domicile ci-dessus indiquées, payent, dans les communes ayant une population de 3.000 à 15,000 habitants, un impôt de 80 francs et dans celles d'une population dépassant 15,000 âmes un impôt de 110 francs. Cet impôt, dans les villes de la première comme de la seconde catégorie, se compose de 48 francs de capitation et le reste 'd'impôt foncier. Les patentés, jusqu'à la cinquième classe inclusivement, sont également électeurs primaires dans les villes.

Les électeurs directs, dans les villes comme dans les communes rurales, sont tous les habitants nés Roumains ou ayant obtenu la grande naturalisation, âgés de vingt-cinq ans, qui justifient d'un revenu de cent ducats de toute nature.

Seuls les salaires privés ou les salaires payés par l'Etat à ceux qui occupent des fonctions publiques n'entrent pas dans l'estimation du revenu.

Peuvent être *élus* électeurs directs sans justifier d'un revenu de cent ducats, mais réunissant les autres conditions exigées: les prêtres des paroisses, les professeurs des académies et des collèges, les docteurs et les licenciés des diverses facultés, les avocats, les ingénieurs et les architectes, tous ceux-ci ayant des diplômes délivrés par le gouvernement ou reconnus par lui, les instituteurs primaires des écoles publiques ainsi que les chefs des écoles privées autorisées par le gouvernement.

Peuvent être également élus électeurs directs, les fonctionnaires civils et militaires retirés du service qui reçoivent une pension annuelle de trois mille piastres au moins.

Chaque commune qui compte cinquante électeurs primaires nomme un électeur direct; celle qui en compte cent nomme deux électeurs directs, et ainsi de suite. Les communes qui ont moins de cinquante électeurs primaires sont rattachées, pour une élection donnée, à la commune la plus proche.

La différence entre les collèges est supprimée. Il y a seulement des collèges de villes et des collèges de districts. Les premiers se composent d'électeurs urbains et les seconds d'électeurs ruraux. Mais tous les électeurs d'un district qui doivent concourir à l'élection d'un député, à savoir les électeurs directs et les délégués, forment un seul collège qui se réunit au chef-lieu de la préfecture.

Le nombre des députés à élire varie avec le nombre de la population des villes et des districts.

(Un tableau annexé à la loi le fixait provisoirement pour les élections qui allaient avoir lieu avant le mois de décembre).

L'élection des électeurs directs se fait au scrutin public, celle des députés au scrutin secret.

Pour être élu député, indistinctement dans toute la Roumanie, il faut réunir les conditions suivantes:

1° Etre Roumain ou avoir obtenu la grande naturalisation.

2° Etre âgé de 30 ans révolus.

3° Etre électeur et avoir un cens d'éligibilité (fixé provisoirement à un revenu de deux cents ducats de toute nature). Sont dispensés du cens, les Roumains qui ont occupé de hautes fonctions et ceux qui exercent une profession libérale.

Le mandat de député est incompatible, entre autres, avec les fonctions de ministre.

L'Assemblée vérifie elle-même les pouvoirs de ses membres.

Le président de l'assemblée élective est nommé tous les ans, par le Prince et parmi ses membres; le vice-président, les secrétaires et les questeurs sont élus par l'Assemblée.

LA LOI ÉLECTORALE DU 28 JUILLET 1866

Promulguée le 30 juillet 1866

Pour la Chambre des députés, les électeurs de chaque district sont divisés en quatre collèges.

Font partie du 1er collège, ceux qui ont un revenu foncier au-dessus de trois cents ducats (36,000 francs.)

Font partie du 2e collège, ceux qui ont un revenu foncier au-dessous de 300 ducats et de cent au moins.

Font partie du 3e collège des villes, les commerçants et les industriels qui payent un impôt de 80 piastres. Sont dispensés du cens, dans ce collège, tous ceux qui exercent des professions libérales, les officiers en retraite, les professeurs et les pensionnaires de l'Etat.

Ces trois collèges élisent directement:

Les deux premiers, un député chacun, le troisième, comme suit:

Bucarest six; Iassi quatre; Craïova, Galatz, Ploeshti, Focshani, Bârlad, Botoshani, trois; Piteshti, Bacau, Braïla, Roman, Turnu-Severin deux; les autres villes un; au total cinquante-huit.

Toutes les villes d'un district forment un seul collège avec la ville de résidence (chef-lieu).

Font partie du 4e collège, tous ceux qui payent le moindre impôt et n'entrent dans aucune des catégories ci-dessus.

énumérées. Les prêtres, qui se trouvent dans ce dernier cas, font également partie du 4e collège.

Ce collège élit au 2e degré un député par district.

Cinquante électeurs nomment un délégué.

Les délégués réunis à la résidence du district élisent un député.

Pour le Sénat, les électeurs sont divisés, dans chaque district, en deux collèges :

Le 1er collège se compose de tous les propriétaires des fonds ruraux du district jouissant d'un revenu de trois cents ducats, au moins.

Le 2e collège se compose de tous les propriétaires d'immeubles dans les villes du district qui ont un revenu au-dessous de trois cents ducats.

Les Universités de Iassi et de Bucarest envoient, chacune, un membre au Sénat, élu par les professeurs de l'Université.

Sont membres de droit du Sénat : 1° l'héritier du Trône à l'âge de 18 ans, mais il n'aura voix délibérative qu'à l'âge de 25 ans; 2° les métropolitains et les évêques diocésains.

Chacun a le droit, s'il réunit les conditions voulues, de voter aussi bien dans les collèges de la Chambre que dans celui du Sénat.

L'élection se fait toujours au scrutin secret.

Pour être électeur, il faut être né Roumain ou naturalisé roumain, âgé de vingt-et-un ans révolus et réunir les conditions voulues pour figurer dans un des collèges ci-dessus indiqués.

Pour pouvoir être élu *à la Chambre des députés*, il faut: *a)* être Roumain de naissance ou avoir obtenu la grande naturalisation; *b)* avoir les droits civils et politiques en Roumanie; *c)* être âgé de vingt-cinq ans révolus; *d)* être domicilié en Roumanie.

Pour pouvoir être élu *au Sénat*, mêmes conditions, sauf qu'il faut être âgé de 40 ans et jouir d'un revenu quelconque de huit cents ducats. Sont dispensés de ce cens, les anciens présidents ou vice-présidents d'une assemblée législative, les anciens députés qui ont fait partie de trois législatures, les généraux les colonels qui ont trois ans de grade; les anciens ministres, les anciens diplomates, les anciens présidents de cour, procureurs généraux, conseillers à la cour de cassation et les possesseurs d'un diplôme de docteur ou de licencié qui ont exercé pendant six ans leur profession.

Les ministres peuvent être élus députés ou sénateurs. Chaque assemblée vérifie les pouvoirs de ses membres et élit son bureau.

Les membres de la Chambre des députés sont élus pour quatre ans. Les membres du Sénat sont élus pour huit ans et se renouvellent tous les quatre ans par le tirage au sort d'un siège pour chaque district. En cas de dissolution, le Sénat se renouvelle dans sa totalité.

LA LOI ÉLECTORALE DU 9 JUIN 1884

(Nous passons directement à cette loi, actuellement en vigueur, car la loi du 23 avril 1878 n'a été qu'une loi interprétative destinée à garantir la liberté des élections.)

Pour la Chambre des députés, le corps électoral est divisé en *trois* collèges:

Font partie du 1er collège, ceux qui, réunissant les autres conditions exigées par la loi, ont un revenu foncier rural ou urbain d'au moins mille deux cents francs.

Font partie du 2e collège, ceux qui ont leur domicile et leur résidence dans les villes et payent à l'Etat une contribution directe de toute nature d'au moins 20 francs.

Sont dispensés de ce cens, dans ce collège:

a) Les professions libérales;

b) Les officiers en retraite;

c) Les pensionnaires de l'Etat;

d) Ceux qui ont fait, au moins, leurs classes primaires.

Toutes les communes d'un district forment un seul collège avec la ville de résidence.

Font partie du troisième collège, tous ceux qui ne sont électeurs ni au 1er ni au 2e collège et qui payent la moindre contribution à l'Etat.

Les électeurs de ce collège qui ont un revenu foncier rural au-dessus de 300 francs et qui savent lire et écrire peuvent voter, à leur gré, soit directement, à la ville de résidence, soit indirectement, en prenant part à l'élection des délégués, dans leurs communes, avec les électeurs illettrés et qui n'ont pas ce cens. — Les maîtres d'école et les prêtres ainsi que ceux qui payent un bail d'au moins mille francs sont dispensés du cens.

Cinquante électeurs élisent un délégué.

Ces trois collèges — dans le troisième entrent aussi les délégués élus par les électeurs indirects — élisent comme suit:

Le 1er collège, deux députés par district à l'exception des districts: d'Ilfov, qui en élit cinq; de Iassi et de Dolj, qui en élisent quatre, et de Buzeu, Mchedintz, Prahova, Teleorman, Bacau, Putna, Botoshani, Tutova, qui en élisent trois.

Le 2e collège élit: Bucarest neuf députés; Iassi six; Craïova et Ploesti quatre; Braïla, Turnu-Magurele, Bacau, Roman, Galatz, Focshani, Bârlad et Botoshani trois; Buzeo, Giurgevo, Hushi, Piteshti et Turnu-Severin deux; les autres villes un député.

Pour le Sénat, le corps électoral est divisé, dans chaque district, en deux collèges.

Le 1er collège se compose de ceux qui ont un revenu foncier rural ou urbain d'au moins 2000 francs. Les dispenses accordées par la loi de 1866 sont maintenues à cette différence près que la dispense est étendue aux membres de l'Académie roumaine, aux grades assimilés à ceux de général et de colonel et qu'enfin il suffit d'avoir été député ou sénateur pendant deux législatures (et non pas pendant trois législatures comme l'exigeait la loi précédente) pour bénéficier de cette dispense.

Le 2e collège se compose de tous les électeurs directs des villes et des communes rurales qui ont un revenu foncier rural ou urbain de 800 à 2000 francs, ainsi que des commerçants et les industriels qui payent une patente de 1re ou de 2e classe. Sont dispensés: ceux qui possèdent un diplôme de docteur ou un titre équivalent à celui de docteur délivré par les écoles spéciales supérieures; les licenciés en droit, en philosophie, ès lettres et ès sciences, les magistrats qui ont été en exercice pendant six ans; les ingénieurs, architectes, pharmaciens et médecins-vétérinaires pourvus d'un diplôme; les professeurs des écoles des villes appartenant à l'Etat ou des écoles secondaires reconnues par l'Etat, enfin les pensionnaires qui reçoivent une pension annuelle d'au moins mille francs.

Chacun de ces deux collèges vote séparément.

Le 1er collège donne deux sénateurs par district.

Le 2e collège en donne un par district, à l'exception de: Ilfov cinq; Iassi trois; Braïla, Covurlui, Dolj, Prahova, Botoshani, Tutova, Teleorman, Mehedintz, Buzeo, Bacau, Putna, Dambovitza, Romanatz et Neamtz, qui donnent deux sénateurs par district.

Les Universités de Bucarest et de Iassi envoient chacune au Sénat un membre élu par les professeurs, qui ne perdent pas pour cela leur droit de vote dans les colléges dont ils font partie.

Sont membres de droit du Sénat: 1^0 l'héritier du Trône à l'âge de dix-huit ans; mais il n'a voix délibérative qu'à l'âge de vingt-cinq ans. 2^0 Les métropolitains et les évêques diocésains.

Pour être électeur, il faut être Roumain de naissance ou naturalisé Roumain, âgé de vingt-et-un ans révolus et réunir les conditions voulues pour figurer dans un collège.

Pour être élu député, il faut être né Roumain ou naturalisé Roumain, jouir de ses droits civils et politiques, être âgé de vingt-cinq ans révolus, être domicilié en Roumanie.

Pour être élu sénateur, il faut réunir les deux premières conditions, ainsi que la dernière, être âgé de quarante ans et avoir un revenu quelconque de 9400 francs.

Sont dispensés de ces cens: les anciens présidents ou vice-président d'assemblées législatives; les anciens députés et les anciens sénateurs qui ont fait partie de deux législatures; les généraux et leurs assimilés; les colonels démissionnaires et en disponibilité; les ministres ou représentants diplomatiques à l'étranger anciens et actuels; ceux qui ont occupé, pendant trois ans, les fonctions de membre de cour ou pendant un an celles de président de cour, de procureur général, de procureur ou de membre à la cour de cassation, ceux qui ont un diplôme de docteur ou de licencié et qui auront exercé leur profession pendant six ans au moins; enfin les membres de l'Académie roumaine.

Les moines ne peuvent être élus représentants dans les Corps législatifs

Les ministres peuvent être élus députés ou sénateurs. Chaque assemblée vérifie les pouvoirs de ses membres et élit son bureau.

Les membres de la Chambre sont élus pour quatre ans. Ceux du Sénat pour huit ans et se renouvellent par moitié tous les quatre ans par le tirage au sort, réglementé de façon à ce que l'élimination soit répartie sur tous les districts. Les membres sortants sont rééligibles. En cas de dissolution, le Sénat se renouvelle dans sa totalité.

Voici le tableau du nombre des sénateurs et des députés par district. Nous l'empruntons au *Code de séance* de M. Ion P. Ghetzu, président du tribunal de Teleorman.

DISTRICTS	SÉNAT			CHAMBRE			
	1er COLLÈGE	2e COLLÈGE	TOTAL	1er COLLÈGE	2e COLLÈGE	3e COLLÈGE	TOTAL
Argesh	2	1	**3**	2	2	1	**5**
Bacau	2	2	**4**	3	3	2	**8**
Botoshani	2	2	**4**	3	3	1	**7**
Braila	2	2	**4**	2	3	1	**6**
Buzeo	2	2	**4**	3	2	2	**7**
Covurlui	2	2	**4**	2	3	1	**6**
Dambovitza	2	2	**4**	2	1	1	**4**
Dolj	2	2	**4**	4	4	2	**10**
Dorohoi	2	1	**3**	2	1	1	**4**
Falciu	2	1	**3**	2	2	1	**5**
Gorj	2	1	**3**	2	1	1	**4**
Ialomitza	2	1	**3**	2	1	1	**4**
Iassi	2	3	**5**	4	6	1	**11**
Ilfov	2	5	**7**	5	9	2	**16**
Mehedintz	2	2	**4**	3	2	2	**7**
Muscel	2	1	**3**	2	1	1	**4**
Neamtz	2	2	**4**	2	1	1	**4**
Olt	2	1	**3**	2	1	1	**4**
Prahova	2	2	**4**	3	4	2	**9**
Putna	2	2	**4**	3	3	2	**8**
Roman	2	1	**3**	2	3	1	**6**
Romanatz	2	2	**4**	2	1	1	**4**
Ramnic-Sarat	2	1	**3**	2	1	1	**4**
Suceava	2	1	**3**	2	1	2	**5**
Tecuci	2	1	**3**	2	1	1	**4**
Telcorman	2	2	**4**	3	3	1	**7**
Tutova	2	2	**4**	3	3	1	**7**
Vaslui	2	1	**3**	2	1	1	**4**
Valcea	2	1	**3**	2	1	1	**4**
Vlashca	2	1	**3**	2	2	1	**5**
	60	**50**	**110**	**75**	**70**	**38**	**183**
Le Prince héritier du Trône	—	—	**1**	—	—	—	—
Les Universités . . .	—	—	**2**	—	—	—	—
Les métropolitains et les évêques diocésains. .	—	—	**8**	—	—	—	—
	60	**50**	**121**	**75**	**70**	**38**	**183**

V

RENTRONS DANS LE STATUT

*Omnia sunt incerta cum a
jure discessum est.*
Cic.

Par une coïncidence dont nous nous félicitons, M. Sonnino, ancien ministre dans le cabinet Crispi, publiait, dans la *Nuova Antologia*, sous le titre: Torniamo allo Statuto, une étude signée *Un deputato*, presque en même temps que nous commencions notre étude constitutionnelle Histoire d'une fiction dans l'*Indépendance Roumaine*.

M. Sonnino préconise pour l'Italie, comme nous le faisons pour la Roumanie, la suppression du système du *cabinet* et apporte à l'appui de sa thèse des arguments et des aperçus généraux qui sont tout aussi plausibles à Bucarest qu'à Rome.

Nous croyons donc utile de reproduire l'article de M. Sonnino, car nous voulons recueillir tout ce qui peut contribuer au triomphe de l'idée dont nous nous sommes fait le défenseur, sans apporter dans cette campagne d'autre amour-propre que celui de servir la cause de la vérité. Que d'autres plaident mieux et plus éloquemment cette cause, nous n'en serons que plus satisfaits.

Ajoutons que, d'après M. Sonnino, la vraie théorie constitutionnelle, telle qu'elle ressort du Statut octroyé,

le 4 mars 1848, par le roi Charles-Albert au royaume
de Sardaigne et qui a été étendu, depuis l'union, à
toute l'Italie, les ministres sont les représentants de
la Couronne et non pas de la Chambre.

Nous avons vu dans la partie finale de l'*Histoire
d'une fiction* que notre Constitution ne peut pas être
interprétée dans le même sens.

Voici l'article de M. Sonnino:

On célèbrera, dans un an, à Turin, par une expo-
sition nationale, le cinquantième anniversaire de l'octroi
du Statut, qui est la base juridique et historique de
nos institutions parlementaires.

Le moment est donc venu de nous recueillir et de
jeter un coup d'œil impartial sur le chemin parcouru
pendant un demi-siècle de vie parlementaire.

Quel est, aujourd'hui, le sentiment de la nation sur
ses institutions parlementaires?

Le découragement qui a gagné tout le monde, au
sujet de leur mérite et de leur avenir, doit-il être réellement attribué aux défauts inhérents au Statut dans
ses principes fondamentaux ou bien aux doctrines ac-
cessoires au moyen desquelles on a toujours voulu
interpréter et expliquer ces principes, en les altérant
et en les faussant ainsi peu à peu dans leur conception initiale?

Sans aucun doute, le parlementarisme, tel qu'il est
compris en Italie, est malade et il convient d'exa-
miner son état et de préparer les remèdes si nous ne
voulons le voir s'éteindre entre nos mains, miné par
l'indifférence et le mépris de la nation.

Ce n'est pas, du reste, en Italie seulement que le
fait s'observe. Le gouvernement parlementaire est mis

en question dans tout le continent européen, partout
où, par cette expression, on a entendu le gouvernement du Parlement.

Chaque jour s'affirme davantage cette vérité fondamentale que la simple réunion, l'ensemble des intérêts particuliers, même représentés par plusieurs groupements à base territoriale (collèges électoraux), ne
donne pas l'expression sincère de l'intérêt général de
la nation, pas plus qu'il ne fournit les éléments suf-
fisants pour le protéger et le garantir.

Les principales accusations dirigées contre le parlementarisme, sur lequel on a tant écrit et discouru
dans ces dernières années, peuvent être résumées en
quelques claires formules de vérités générales et presque évidentes.

L'intérêt général de l'Etat n'est pas identique, jour
par jour, à la somme de tous les intérêts particuliers,
individuellement et subjectivement considérés, et il
l'est encore moins à l'agrégat variable de ces intérêts,
suffisant seulement à constituer une majorité fugitive
d'une moitié plus un des forces politiques qui les
représentent.

La représentation de l'intérêt collectif et général
manque dans la haute direction de la chose publique
à tout gouvernement fondé presque totalement sur
l'élection. Les intérêts personnels et locaux prédo-
minent toujours dans tous ses actes.

Du reste, un gouvernement ne saurait étayer ses
actes soit sur le désir de satisfaire sur le champ celui
qui en bénéficie, soit en vue d'une adhésion anticipée
ou éventuelle de la partie intéressée.

C'est pourquoi l'élément électif semble plus apte à
déterminer la direction générale de la législation et

à contrôler l'action du gouvernement qu'à gouverner lui-même, soit directement, soit par délégation.

Il arrive de nos jours, avec ce qu'on appelle le parlementarime, ce qui arrivait avec le gouvernement absolu, lorsqu'il existait encore, et alors que l'Europe entière en contestait la légitimité et l'utilité. On pourrait le renverser sans que personne levât un doigt pour le défendre ou pleurât sa mort.

Tout cela est très dangereux pour l'avenir de notre civilisation; car, pendant que le parlementarisme est absolument discrédité, il n'existe aucune doctrine qui, de l'avis général, indique une évolution positive vers une autre méthode, vers une autre base de gouvernement, libéral et en même temps bien ordonné. Et, en attendant, le socialisme s'organise, menaçant, d'un côté; le cléricalisme, aux tendances théocratiques, de l'autre; deux formes différentes du despotisme qui étouffera toute liberté civile et morale.

D'une part, soit crainte de l'accroissement des éléments subversifs, soit désir d'une sérieuse restauration de l'ordre et de la·discipline, il se produit dans les esprits un mouvement conservateur, presque réactionnaire, tendant de plus en plus à la hiérarchie ecclésiastique, représentation et porte-voix d'une loi divine de moralité sociale à opposer à l'utilitarisme individuel.

D'autre part, un mouvement socialiste s'accentue, qui, tirant sa force des mécontentements et des agitations engendrés par la grande concurrence individuelle, aussi bien que de sympathies humanitaires et du désir d'égalité ou d'envie démocratique, travaille à idéaliser et à fortifier le concept de l'Etat, suprême représentation de la collectivité, qui doit imposer sa loi de fer d'utilité proprement collective à toute volonté ou liberté individuelle.

Nous ne pouvons ignorer ces deux tendances, qui ne cessent de pousser la nation à se diviser en deux grands partis extrêmes et qui menacent toute liberté, et morale et intellectuelle, et politique et civile.

Le parti libéral modéré, qui penche vers une entente entre l'élément d'Etat et l'élément individualiste, est paralysé par le sentiment de l'insuccès des principales doctrines professées et préconisées par lui jusqu'ici, ainsi que par le complet discrédit dans lequel sont tombées quelques formules de rhétorique, auxquelles lui-même ne croit plus, mais qu'il n'a pas le courage de renier.

«Et pourtant j'espère», disait l'honorable di Rudini dans son discours de Palerme au printemps de 1895, à la veille des élections d'où est sortie la Chambre actuelle, «j'espère beaucoup que l'opinion publique, éclairée et dirigée par nos hommes d'Etat, pourra se convaincre que nous ne devons ni affaiblir, ni supprimer nos institutions représentatives, mais *plutôt les ramener à leurs principes,* en maintenant la Chambre et le gouvernement dans les limites de leurs pouvoirs respectifs et en enlevant surtout au gouvernement les moyens d'exercer d'illégitimes pressions et de coupables influences sur les élus et sur les électeurs».

Je suis parfaitement d'accord avec l'honorable di Rudini dans ce qu'il dit relativement à la nécessité de ramener nos institutions à leurs principes; mais je trouve le remède insuffisant et incomplet lorsqu'il le fait entièrement consister dans une meilleure délimitation des pouvoirs du gouvernement et de la

Chambre et dans une réduction des attributions de l'Etat, en déléguant quelques-unes de ses fonctions aux corps et aux autorités locales, sans considérer comme tout aussi nécessaire et urgente la revendication du pouvoir exécutif par le Prince et sans entendre par le mot gouvernement, non pas le ministère pris en lui-même, mais seulement en tant qu'il est l'organe des actes du Prince.

Il y a là deux questions et non pas une seule, toutes deux, d'ailleurs, intimement liées entre elles. De l'usurpation progressive du pouvoir exécutif par la Chambre élue sont sorties non seulement la confusion entre les attributions du gouvernement et celles du Parlement, spécialement de la Chambre des députés, ainsi que la déplorable ingérence du gouvernement dans les élections, mais encore l'usurpation, par le ministère, des pouvoirs de la compétence exclusive du Prince, en les réduisant à un rôle négatif, comme si le pouvoir exécutif était légalement du domaine du ministère et non de celui du Roi.

Le fait, pour la Chambre, d'outrepasser ses pouvoirs et ses empiètements sur les pouvoirs de la couronne a été rendu possible grâce à la doctrine qui faisait des ministres du Roi les ministres de la Chambre, c'est-à-dire qui les soumettait à la dépendance directe des changeantes majorités parlemenlaires.

On ne peut plus maintenant reprendre à la Chambre les pouvoirs usurpés par elle et assainir le mécanisme parlementaire, aussi longtemps que dans un pays comme le nôtre, où l'on veut toujours augmenter l'action de l'Etat, déjà si grande, on n'aura pas délivré en partie les ministres de la dépendance directe de la Chambre, en leur rendant leur ancien et primitif caractère de ministres du Roi.

Dans les pays où l'action du gouvernement central et, en général, l'action de l'Etat sont réduites au minimum, par suite du développement, non seulement de la vie locale, mais aussi de l'activité et de l'indépendance individuelles, et où de nombreux et puissants organismes à base historique servent de frein et de guide au fonctionnement d'institutions démocratiques, la dépendance formelle du ministère à la Chambre élective n'entraîne pas nécessairement de graves conséquences; elle ne corrompt pas les milieux parlementaires et ne pousse pas le ministère, en vue de sa défense et de son salut, à user de tous les moyens pour entraîner et asservir la Chambre. Chez nous, au contraire, où, par suite de l'inertie et de l'apathie générales, les fonctions de l'Etat augmentent chaque jour davantage et où l'on demande tout et attend tout du gouvernement central, les conséquences de l'inobservance des règles constitutionnelles sont désastreuses, fatales même au fonctionnement régulier des institutions représentatives.

On peut chercher à activer la vie locale; on peut déléguer aux corps locaux toutes les attributions de l'Etat qu'il sera possible de reprendre au gouvernement central sans mettre en péril l'organisme de l'Etat: ce sera autant de gagné. Mais, quoi qu'on fasse, personne, en Italie, ne parviendra aujourd'hui à réduire l'action du gouvernement aux simples fonctions rêvées par les adeptes de la théorie de Spencer.

Nous avons vu récemment les ministères et les ministres, qui prêchaient du matin au soir la décentralisation, parcourir le pays en promettant, à chaque

ville, à chaque région, ou des aqueducs, ou des sta-
tions.

La même loi qui accordait aux petites communes
le droit d'élire leur maire laissait au gouvernement
la faculté de dissoudre les conseils communaux, sans
frein ni contrôle.

«L'Etat, crie-t-on partout, doit favoriser les industries
naissantes, protéger celles déjà existantes, même si.
elles sont bien portantes et florissantes, secourir celles qui souffrent».

«L'Etat, a-t-il été dit ces jours-ci à Montecitorio, par
les coryphées de l'école libérale, doit contribuer à
entretenir la caisse nationale pour la vieillesse».

«L'Etat, disent les individualistes les plus officiels,
doit procurer la colonisation intérieure; il doit con-
traindre les propriétaires à cultiver leurs terres, ex-
propriant les ineptes, les incapables, les paresseux».

«L'Etat doit même, au dire d'un ministère soi-disant
libéral, garantir les titres fonciers des instituts autonomes en péril et les intérêts des emprunts des villes
récalcitrantes. ·

Quoi qu'il en soit de cela, et sans se laisser aller
à de si dangereux excès, il convient d'observer, surtout de la part de ceux qui se préoccupent des défauts de la centralisation, que, dans bien des cas, on
ne doit pas considérer comme plus favorable à la
liberté et au développement de la personnalité individuelle le fait de déléguer certaines fonctions de
l'Etat à une autorité locale plutôt qu'au gouvernement
central et qu'au contraire, étant données nos conditions sociales, on risquera ainsi souvent de rendre
plus facile et plus grave l'oppression d'une classe par
l'autre ou bien la tyrannie de coteries locales; de

cette façon l'autorité sociale aura failli à son suprême devoir.

De toute manière, aussi longtemps que dureront en Italie ces conditions qui rendent inévitable une large action de l'autorité centrale pour la protection de la sécurité et de la liberté individuelle, des œuvres publiques, de l'instruction, etc., (et aucun de nous n'en verra la fin, même ceux qui arriveront au centenaire du Statut), toute dépendance directe et immédiate du pouvoir exécutif, personnifié par les ministres à l'égard de la Chambre élective, se résumera en efforts continuels des ministères en vue d'arriver par la multiple action du gouvernement dans les collèges spéciaux, par des faveurs et des menaces de persécution et de ruine, à réduire la volonté de la Chambre.

S'étant rendu presque indépendant du Souverain et s'en étant arrogé les fonctions réelles et effectives au nom de la représentation élective, le ministère (je ne parle pas de tel ou tel cabinet, mais de l'institution considérée en elle-même) voudrait maintenant se rendre indépendant de la Chambre, en enlevant à celle-ci toute ingérence dans le pouvoir exécutif. En d'autres termes, le cabinet, qui s'est servi de la Chambre pour déposséder réellement le Prince de ses pouvoirs essentiels, voudrait, au contraire, aujourd'hui, au nom du droit de la couronne ou bien des droits de ce pouvoir exécutif que le Statut réserve au Prince, invoquant d'ailleurs le principe de la séparation des pouvoirs, trouver un moyen de se délivrer de la Chambre et de ses fastidieuses exigences.

Pratiquement et logiquement, on ne peut arriver au but poursuivi par l'honorable di Rudini comme par tous les libéraux conservateurs autrement qu'en re-

montant aux principes du Statut, en tant que celui-ci
proclame que les ministres, ou les personnes prépo-
sées à la direction des grandes administrations de
l'Etat, ne sont, ni collectivement ni pris séparément,
les ministres de la Chambre et encore moins ministres pour leur propre compte avec droits et titres personnels, mais simplement les ministres responsables
de l'action du Prince. De ce retour aux principes du
Statut dépend l'assainissement de notre vie parlementaire, y compris, aussi bien la délivrance du député
de la pression de l'électeur, qui lui demande de s'immiscer sans cesse dans l'administration de la chose
publique en vue de favoriser ses intérêts personnels,
que la délivrance des ministres des illicites pressions
et ingérences parlementaires.

Revendiquez les pouvoirs du Souverain, et vous
pourrez facilement délimiter les pouvoirs de la Chambre élective, fortifier ceux de la Chambre à vie et,
par surcroît, donner un nouvel essor à l'activité de
l'une et de l'autre, en les rendant à leurs véritables
fonctions.

La Chambre, en voulant trop s'imposer, s'est anni-
hilée. Elle a voulu, non seulement légiférer presque
seule, mais aussi gouverner, et elle est aujourd'hui à
la merci de tout homme qui organise une entente
locale, réunit autour de lui la députation d'une seule
grande région, sait manier les agitations de la rue, ou
qui, par tout autre moyen ou expédient, peut s'emparer du pouvoir. Et on ne veut pas que le Prince
soit autorisé à résister, à indiquer personnellement la
voie, inspiré par sa conscience, voyant les choses de
haut et acceptant le libre examen et le jugement public, par le Parlement, des actes de son gouvernement.

La Chambre, en travaillant à asservir de plus en plus le pouvoir exécutif, s'est, au contraire, asservie elle-même au ministère; c'est-à-dire au groupe d'hommes qui s'est, n'importe comment, emparé du pouvoir et qui, au moyen de l'intimidation et de la corruption électorale sous ses mille formes, dispose comme il veut de la majorité.

La couronne a des intérêts bien plus larges et permanents que ceux des politiciens qui, les uns après les autres, se succèdent aux ministères; et la revendication par elle des pouvoirs et des charges que le Statut lui a confiés, marquerait la délivrance et la réhabilitation de la Chambre, et en général du Parlement. Car même le Sénat, nommé réellement et non seulement pour la forme par le Prince, aurait un tout autre prestige et une tout autre autorité qu'aujourd'hui, où il n'est qu'une stratification progressive de fournées de couleurs diverses, suivant la succession au pouvoir des factions ou groupes variés ou les phases changeantes de l'alchimie parlementaire.

La Chambre élective sera d'autant plus indépendante et reprendra d'autant plus sérieusement et efficacement sa fonction législative et l'exercice du contrôle financier, qu'elle renoncera plus tôt à prétendre que les ministres émanent d'elle et doivent être effectivement désignés par elle, pour les considérer, au contraire, comme les ministres du Prince, c'est-à-dire comme des organes responsables de la volonté et de l'action du Souverain, choisis et nommés par lui seul.

Le gouvernement soi-disant de cabinet se trouvera ainsi un peu atteint, peut-être; mais on rétablira une sérieuse séparation des pouvoirs dans l'ordre représentatif et on donnera à l'opinion publique et à la volonté nationale une plus grande liberté de mouvement et d'action dans l'orientation de la législation et dans le contrôle des actes du gouvernement.

Aujourd'hui, la Chambre est souvent obligée, en considération de la question soi-disant politique et de confiance que l'on pose à tout instant, de laisser passer à l'aveugle des actes législatifs que, dans son for intérieur, elle désapprouve en tout ou en partie.

En affranchissant le ministère du besoin d'un appui ininterrompu de la majorité de la Chambre, celle-ci reste plus libre de préoccupations d'un autre ordre dans l'expression de son jugement objectif, aussi bien sur les propositions spéciales en matière législative que sur les actes mêmes du gouvernement. De cette façon, toute désapprobation ou tout avertissement de la Chambre n'entraînerait pas nécessairement et fatalement la mort politique d'un ministre ou d'un cabinet et ne signifierait point la fin de la confiance du mandant dans le mandataire. Aujourd'hui, la constante préoccupation politique ainsi que la crainte de compromettre par une question spéciale le sort du cabinet et l'équilibre général des partis et des groupes parlementaires poussent trop souvent la Chambre à négliger le consciencieux accomplissement de son devoir législatif.

La majorité des députés, ayant comme premier intérêt et, conséquemment, comme première préoccupation, le salut de *son* ministère, se montre trop souvent disposée à laisser usurper même les droits et les prérogatives du Parlement plutôt que de mettre en péril, par un vote contraire, la vie du cabinet et sa propre prédominance dans le gouvernement.

Et c'est ainsi que s'explique la grande docilité avec

laquelle on a vu les majorités baisser plusieurs fois la tête devant des décrets-lois, même lorsque ceux-ci compromettaient, dans des conditions et des temps normaux, des questions de haute importance constitutionnelle, économique et financière.

En ramenant, au contraire, l'action de la Chambre dans le cercle de sa légitime compétence, la majorité se montrera toujours, non moins que la minorité, jalouse de maintenir intacts les droits collectifs de l'institution à laquelle elle appartient.

Ma thèse ne consiste certainement pas à soutenir que le sort du ministère et des ministres ne puisse plus jamais et d'aucune manière dépendre des votes de la Chambre, alors même que ces votes procéderaient d'une volonté pondérée et constante et révèleraient un mouvement sérieux de l'opinion publique. De même qu'aujourd'hui, bien qu'une semblable dépendance, déclarée fatale et nécessaire, ne se retrouve pas toujours dans la pratique, de même il n'est pas dit que dans ma théorie, aux termes de notre Statut, toute action de la représentation nationale élective sur la vie du ministère et des ministres soit toujours exclue. Cette action ne doit pas cependant être considérée *a priori* comme toujours, également et constitutionnellement, nécessaire.

Il est entendu qu'aucune loi ne peut jamais être sanctionnée sans l'approbation préalable de la Chambre; en outre, avec le vote du budget n'est pas épuisée la faculté du Parlement, — lorsqu'il s'agit d'un contraste de direction véritable et constant — de faire valoir sa volonté contre tel ministère ou tel ministre.

Le système monarchique représentatif, pas plus que toute autre forme de gouvernement, ne fonctionne ni automatiquement ni mécaniquement; il demande dans ses organes une prudente et constante considération des conditions de fait, qui explique leur action.

Et pour accomplir cette réforme, il n'est pas nécessaire de toucher au Statut, ni à aucune loi; encore moins d'un coup de scène ou d'un coup de force; il suffit d'en persuader la conscience publique.

Le vice actuel ne vient pas de la loi; il tire, au contraire, son origine de la violation même de la loi fondamentale de l'Etat.

Il est étrange, en vérité, le phénomène qui s'est produit et développé dans le royaume d'Italie, plus spécialement pendant ce dernier quart de siècle.

Peu à peu est née et s'est affirmée une institution nouvelle, nullement prévue dans le Statut et qui tend chaque jour davantage à se constituer en pouvoir autonome hors la loi, s'alimentant et s'engraissant de toutes les charges dont, ouvertement ou tacitement, elle dépouille les autres pouvoirs constitutionnels. Cette nouvelle institution, absolument hybride, qui tend à dominer de plus en plus les autres institutions, est celle du ministère considéré dans son ensemble, mais s'incarnant spécialement dans la personne du président du conseil.

Je n'entends pas faire allusion ici à la vieille question des ministres-chanceliers et des ministres-cardinaux ou grands vizirs; c'est-à-dire à une question qui concerne la constitution intérieure du ministère et l'opportunité de concentrer, en plus ou moins grande partie, la représentation collective dans une ou plusieurs personnes; je parle de la situation du ministère considéré lui-même comme institution, en présence du Souverain d'un côté, du Parlement de l'autre.

A chaque crise ministérielle, n'importe comment elle s'est produite, tous les hommes disposant de quelque influence politique, seuls ou groupés, travaillent de toutes leurs forces à s'emparer du pouvoir, en obtenant du Souverain la mission de former le cabinet.

La conviction générale est que quiconque, parmi les divers chefs de groupe du Parlement, parvient, n'importe comment, à avoir le premier la mission de composer le cabinet, s'il est fin et hardi, surtout s'il n'a pas la naïveté de se montrer trop conséquent avec les principes et correct dans les moyens, obtiendra sûrement la majorité des suffrages à la Chambre. Par suite, dans les moments de crise, chacun met en mouvement toutes les machinations, toutes les astuces, toutes les pressions, en vue de faire donner cette mission à son candidat, c'est-à-dire à l'homme duquel on espère obtenir le plus d'avantages.

Tous les moyens sont bons. On va jusqu'à menacer le Souverain, discrètement ou ouvertement, lui donnant à entendre que si son choix tombait sur d'autres on provoquera des désordres et des tumultes, profitant de la mystérieuse terreur qui envahit tout le monde en Italie, comme une réminiscence jacobine, en présence de tout mouvement de la rue.

La mission briguée une fois obtenue, tout l'art consiste à faire vite l'assemblage d'une dizaine de ministres, sans s'inquiéter d'ailleurs de leurs idées, pourvu qu'aussitôt, par le simple nombre de leurs adhérents, ils représentent un total notable de députés. Il n'est pas davantage nécessaire que ce total constitue la majorité de la Chambre; ce qui manquera sera obtenu chemin faisant. Du programme, personne ne s'en soucie. Faire autrement que les prédécesseurs, se faire craindre, donner à espérer au plus grand nombre possible, voilà tout le jeu.

S'étant emparé de la citadelle centrale du gouvernement, le nouveau ministère se tourne menaçant contre tous ceux qui ne se mettent pas dans son cortège. Fort de la possession de l'autorité, il est prêt à mettre au défi, pour se maintenir, et Chambre et Sénat, au besoin le Souverain lui-même, comme s'il représentait un pouvoir constitutionnel autonome, avec un droit et une base juridique propre en dehors et de la couronne et du Parlement.

Au moindre indice que la couronne peut avoir une volonté à elle dans les choses du gouvernement, le ministère se fâche et lui en conteste le droit. Au moyen de la théorie que le Roi règne et ne gouverne pas, on nie, contre la lettre et l'esprit du Statut, que le Prince puisse avoir, et encore moins manifester, une volonté quelconque différente de celle du ministère, jusqu'à ce que celui-ci puisse obtenir un vote favorable de la majorité, fût-elle d'une seule voix et obtenue par n'importe quel moyen.

Quant à la Chambre, si elle montrait des velléités de révolte, on la menace continuellement de la dissolution, avec élections générales à haute pression gouvernementale. On n'admet presque plus que le Souverain puisse, en cas de divergence entre le ministère et la Chambre, refuser au premier la dissolution. Cela ne se soutient pas encore ouvertement; mais on fait déclarer par les amis, sur tous les tons, que, en cas d'un vote défavorable, le ministère *ne donnera pas* sa démission. On colporte, dans les couloirs de Montecitorio, les soi-disant confidences du président du conseil: «Moi, quoi qu'il arrive, je reste. L'existence de la Chambre dépend de la manière dont elle saura se conduire. Si j'avais un vote hostile, je resterais quand même à mon poste, je ne donnerais pas ma démission. Si le Souverain ne voulait plus de moi, il devrait me révoquer par un décret de son initiative». Et, au besoin, dans certains moments, on ajoute: «Je suis prêt à recourir à n'importe quel moyen, même à descendre dans la rue», etc., etc.

En attendant, on met la main à un travail de soi-disant préparation des élections générales (sans admettre que ni le Souverain ni d'autres puissent se mêler de cela ou faire des observations). On transfère les préfets et les fonctionnaires de tout grade. On révoque ceux que l'on suppose dévoués aux précédents ministères. On terrorise les autres, et spécialement les administrations communales, des œuvres pies, des instituts de crédit, etc. On cherche à préparer de toutes parts des instruments politiques, en disant en manière de confidence: «Je serai curieux de voir, le jour de la crise, comment s'y prendront les autres pour défaire rapidement tout ce travail». On rendra ainsi individuellement craintifs les députés, chacun d'entre eux voyant dans son collège toute une machine montée par le gouvernement dans l'attente des élections, soit pour le soutenir, soit pour le combattre s'il fait de l'opposition.

Quant au Sénat, le système est plus simple. On nomme une quarantaine et, au besoin, une centaine de sénateurs amis, et ici aussi, naturellement, on n'admet point, contrairement au Statut, que le Prince ait rien à y voir.

Et pour la presse, le prétendu quatrième pouvoir, on y pourvoit avec l'argent de l'Etat, ou au moyen de pressions et de promesses sur les hommes politiques ou sur les financiers qui en tiennent les rênes.

C'est l'histoire du Vieillard de la Mer, des *Mille et une nuits*, qui, monté sur les épaules du marin Simbad, en fait son domestique et son esclave, menaçant de l'étrangler au moindre indice de révolte. Le marin ne put s'en débarrasser que lorsque, un jour, le Vieillard s'enivra. C'est aussi ce qui arrive aux ministères. Ce n'est que lorsqu'ils sont ivres de pouvoir que le Parlement parvient à en débarrasser ses épaules.

Ce système établi, personne ne s'occupe plus de la continuité de l'action dans le gouvernement, de la conservation des bonnes traditions administratives, de la suite dans les programmes.

Les nouveaux ministres doivent faire parler d'eux, avoir chacun une nouvelle méthode, révolutionner tout ce qui a été fait par leurs prédécesseurs, qu'il y ait ou non urgence et besoin de réformes. Il importe surtout de nommer de nouveaux employés, de changer les organisations, etc.

La bureaucratie reste l'unique tutrice de la tradition du gouvernement et de la continuité de son action, en tant qu'elle n'est pas déjà modifiée et faussée par le courant politique, parce qu'elle aussi, contrairement à ce que prescrit le Statut, ne se trouve plus défendue par l'action du Souverain, à qui on n'accorde presque pas le droit de refuser des mouvements dans le personnel, des révocations, des nominations, des permutations, etc. Si l'on admet que, dans la pratique, les ministres doivent avoir quelques égards et ne pas trop contrarier quelque désir spécial du Souverain, on le fait en considération de la haute dignité de sa charge ou par crainte de pousser les choses à l'extrême; mais non pas parce que l'on admet qu'il puisse et doive régulièrement s'immiscer dans les questions d'administration, même lorsqu'il s'agit de fonctionnaires des plus hauts grades.

Eh bien, toutes ces choses sont nettement contraires à ce que prescrit et veut le Statut, qui détermine expressément, à l'égard des pouvoirs du Prince, ce qui suit :

«Au Roi *seul* appartient le pouvoir exécutif. Il est le chef suprême de l'Etat, *commande toutes les forces de terre et de mer,* déclare la guerre, conclut les traités de paix, d'alliance, etc.» (art. 5).

«Le Roi *nomme à toutes les charges de l'Etat*» (art. 6).

«Le Roi *seul* sanctionne les lois et les promulgue» (art. 7).

«Le Roi peut faire grâce et commuer les peines» (art. 8).

«Les propositions de lois appartiendront au Roi et à chacune des deux Chambres, etc.» (art. 9).

«Le Roi *nomme* et *révoque ses* ministres» (art. 65).

«La justice émane du Roi et est administrée en son nom par les juges qu'*il* institue» (art. 68).

«Le pouvoir législatif sera collectivement exercé par le Roi et par deux Chambres: le Sénat et la Chambre des députés» (art. 3).

«Le Sénat est composé de membres nommés à vie par le Roi, au nombre de..... etc.» (art. 33).

«Si un projet de loi est rejeté par un des *trois* pouvoirs législatifs, il ne pourra être..... etc.» (art. 56).

Quant aux ministres, on doit en premier lieu noter que le Statut, en parlant à plusieurs reprises des ministres du Roi, ne dit jamais un ministère, un cabinet, un conseil des ministres (¹). Relativement à leurs fonctions, en dehors de l'article déjà cité qui attribue la nomination et la révocation des ministres au Prince et d'une autre prescrivant que les ministres, qu'ils soient députés ou sénateurs, ne peuvent voter qu'à la Chambre à laquelle ils appartiennent et leur accordant la faculté de pouvoir entrer et prendre la parole dans les deux Chambres (art. 66), nous avons dans le Statut les deux *seuls* articles suivants :

«Les ministres sont responsables. Les lois et les actes du gouvernement n'entrent pas en vigueur s'ils ne sont investis de la signature d'un ministre» (art. 67).

«La Chambre des députés a le droit de mettre les ministres du Roi en accusation et de les déférer à la haute cour de justice» (art. 47), c'est-à-dire au Sénat convoqué par décret royal (art. 36).

Le Roi, en résumé, d'après le Statut, personnifie l'État dans tous ses éléments les plus nécessaires et les plus normaux et, dans le fonctionnement de ces éléments, il a un rôle actif et non passif. C'est lui qui représente la tradition de gouvernement, la continuité dans l'action de l'État, la stabilité de son ordonnance. En un mot, il synthétise l'intérêt général de la patrie, tant pour le présent que pour l'avenir, et il constitue l'unique institution à laquelle ces fonctions soient confiées.

(¹) Même dans l'article 15, où, parlant de la convocation des Chambres pour la nomination du Régent en cas de minorité du Roi et d'absence de parents mâles et de la mère, on fait inévitablement allusion aux ministres pris collectivement, le Statut dit : «Les Chambres, convoquées dans les dix jours par *les ministres.....*»

Le Prince dynastique représente dans notre Constitution l'élément continu, permanent de l'Etat considéré comme un organisme complet, à côté des éléments passagers, changeants, accidents dans l'espace et dans le temps, représentés par les corps électifs.

Ainsi donc, d'après le texte précis du Statut, c'est au Souverain qu'appartiennent: 1° le pouvoir exécutif, 2° une part qui n'est pas inférieure à celle du Parlement dans le pouvoir législatif, avec un droit égal pour la proposition des lois et leur sanction lui appartenant exclusivement.

L'esprit du Statut est d'ailleurs conforme à la lettre dans ses dispositions textuelles.

Le pouvoir exécutif, devant, dans son action gouvernementale, se maintenir en dehors et au-dessus des partis et ne pas favoriser les intérêts de la majorité plutôt que ceux de la minorité, ni ceux des électeurs plutôt que ceux des non électeurs, mais traiter tous les citoyens de la même manière en ne s'inspirant que de l'intérêt général de l'Etat, doit être dépendant de ce qui ne peut pas ne pas se confondre avec cet intérêt général et il ne pourrait jamais être confié à une institution qui serait l'émanation directe de la majorité ou d'un seul parti.

Si le gouvernement, personnifié par les ministres, dépendait directement de la majorité parlementaire même pour la désignation des personnes qui doivent le composer, le pouvoir législatif serait tout entier absorbé — et cela en contradiction évidente avec l'esprit du Statut — par la Chambre élective ou plutôt par la majorité de ses membres et, dans cette hypothèse, les lois seraient d'abord proposées par les ministres, délégués directs de la majorité, les décrets royaux autorisant la présentation des projets de loi se trouvant aussi réduits à une simple formalité, puis discutées et modifiées à Montecitorio par la majorité contradictoirement avec ses propres délégués, enfin, réexaminées, pour le fini et le poli seulement, au palais Madame, dont la décision resterait encore à la discrétion des ministres, c'est-à-dire des organes et des représentants directs de la majorité élective. Et ainsi les pouvoirs législatifs se trouveraient réduits à un seul, au lieu de trois, comme le veut le Statut.

L'action princière doit être considérée plus spécialement, dans cet ordre de questions, comme s'exerçant en dehors du giron changeant des partis parlementaires. C'est au Prince proprement qu'incombent :

1° La défense de l'Etat et la conservation de l'esprit et de la force morale dans les corps militaires;

2° La politique extérieure;

3° La justice; et non seulement la justice civile et pénale, mais aussi la justice administrative, et même la justice sociale, celle qui concerne les rapports sociaux entre les diverses classes de citoyens et la protection des faibles;

4° La haute administration de l'Etat.

Résumant brièvement les points touchés plus haut, je me hâte vers la conclusion.

Deux grandes forces sociales et politiques vont s'accroissant et s'organisant en Italie, toutes deux à tendances et aspirations révolutionnaires, de front avec la monarchie représentative et libérale.

D'un côté, le socialisme, au nom de l'égalité, veut supprimer toute liberté individuelle. Parce que la libre concurrence, trop exagérée par les doctrinaires de l'école économique du laisser faire, peut, de fait, mettre obstacle au développement de la personnalité humaine et de la liberté individuelle du grand nombre, les socialistes suppriment simplement toute liberté personnelle en organisant l'Etat de manière à en faire l'unique propriétaire des moyens de production et l'unique répartiteur des fruits du travail, tendant en fait au despotisme d'une bureaucratie, à la tyrannie d'un mandarinat.

De l'autre côté, aussi bien au nom de l'idéalisme plus élevé de la société humaine que de l'ordre et de la conservation des traditions sociales du passé, l'organisation cléricale fait des pas de géant et tend en réalité à l'obscurantisme le plus intolérant, à la suppression du progrès et de tout mouvement de l'esprit humain, ennemie qu'elle est de la liberté de conscience et de la pensée.

En présence de ces périls grandissants, l'Etat libéral démolit chaque jour davantage, d'un cœur léger, ses propres forces.

On enlève tout crédit, tout prestige au Parlement en voulant faire reposer toute l'action sur la nécessité d'un conflit ininterrompu d'intérêts locaux et personnels et en considérant la discorde et la lutte comme formant les conditions de vie et de fonctionnement du gouvernement.

Et, en même temps, on enlève tout crédit et tout prestige au Prince, qui devrait former l'épine dorsale de l'organisme politique, qui devrait incarner l'idée de l'Etat défenseur, non destructeur de la liberté, personnifiant l'intérêt général en tant qu'il devient une condition et un moyen de protection de l'intérêt individuel du plus grand nombre et du libre développement de la personnalité humaine.

Nos doctrinaires voudraient, au contraire, faire du Prince un être presque hypnotisé, acceptant tout, se soumettant à tout, n'ayant ni volonté, ni opinion propres, désignant simplement, comme un manomètre automatique, aux heures de crise, le président du conseil qu'il suppose capable, *per fas et nefas*, d'obtenir la majorité des voix des députés. On ne peut prétendre du pays que quatre-vingt-dix-neuf jours sur cent il considère la personne du Prince comme un élément inactif, sans idées, opinions et sentiments sur la direction de la chose politique, se bornant à faire bon visage à tout cabinet qui parvient à arracher à la Chambre sa confiance, et que le centième jour, à l'heure de crise la plus difficile, lorsque les passions deviennent bouillantes et plus vives, ce même Prince, hier encore négligé et sans action réelle, devienne *ipso facto* respecté et vénéré de tous comme le grand modérateur de l'Etat, ayant claire et sûre conscience de la ligne à suivre et retrouvant dans le pays une confiance aveugle et l'assentiment général alors qu'il· s'agit de placer le pouvoir dans de nouvelles mains.

Tout, aujourd'hui, devant dépendre de la volonté de la majorité des mandataires des électeurs, toute étude, tout effort des hommes politiques, de ceux qui, en fait, détiennent le gouvernement, se résume à préparer les organes de l'Etat et toutes les institutions qui en dépendent en vue de dicter par la flatterie ou par la contrainte la réponse des électeurs dans le sens indiqué par eux et d'enchaîner pour le moment la volonté de la majorité de la Chambre par des adulations personnelles et par des menaces consistant à ·aligner contre chaque député dans son collège toute la batterie d'influences gouvernementales et officielles.

D'autre part, toute étude, tout effort du député ont pour but d'assurer sa réélection, c'est-à-dire que tout son travail consiste à satisfaire par tous les moyens les intérêts de ses électeurs.

D'où mépris de l'électeur pour le député, dont il se sert et qui le sert; mépris de la nation pour le gouvernement et pour les institutions dont il est le produit visible.

Tout idéalisme d'Etat fait défaut; les traditions de gouvernement sont interrompues et la nation se désaffectionne de plus en plus des institutions qui la régissent, condamnant tout et tous en masse, personnes, institutions et prince.

Les gouvernements mixtes, composés de diverses institutions autonomes, avec attributions spéciales et distinctes, croient, pour la régularité de leur action, que chaque pouvoir, chaque institution veille à la conservation de ses propres droits et à l'intégrité des fonctions qui lui ont été confiées.

En Italie, au contraire, je le répète, est né un pouvoir nouveau, parasite et hybride, non prévu par le Statut, pouvoir qui, s'étant fait l'instrument des prétendues doctrines et des innombrables usurpations de la Chambre des députés, prétendant avoir seul le droit de parler au nom de la nation et être l'interprète de sa volonté, est parvenu, en se déclarant à son tour une émanation légitime et autorisée de la représentation nationale, à une progressive et réelle usurpation de presque toutes les fonctions normales de la couronne; et il tend toujours davantage à tenir le Prince dans l'ombre. En même temps, il a, d'autre part, dénaturé et détruit les fonctions propres de la Chambre élective. La Chambre, ayant voulu empiéter sur le terrain d'autrui et gouverner, est arrivée, au contraire, à perdre, en fait, même le libre exercice des fonctions législatives que le Statut lui a attribuées et elle est, chaque jour davantage, esclave du ministère.

Et pendant ce temps, la masse du pays, soucieuse et désillusionnée, se jette de plus en plus dans les bras des révolutionnaires et des rêveurs, qui promettent des cures miraculeuses, et dès charlatans, qui promettent l'âge d'or, ou bien des cléricaux, qui promettent le règne de Dieu au moyen du gouvernement de ses ministres.

Forte de la lettre et de l'esprit du Statut, la nation se tourne vers le Souverain et lui dit : «Sire, veillez à maintenir intactes les prérogatives qui vous sont confiées et que les ministres qui se sont succédé ont laissé usurper et ont cherché à vous ravir. A vous seul appartient la nomination ou la révocation des ministres, qui doivent contresigner vos actes de gouvernement et en répondre.

»La nation se tourne vers vous et a confiance en vous, certaine qu'elle est que vous ne toucherez à aucune liberté et que vous ne supprimerez jamais aucun des droits que votre glorieux ancêtre a délégués à d'autres et que vous conserverez vivace et entière l'institution mère, représentant la défense de l'intérêt général de la patrie. Sire, veillez ! Votre intérêt est, avant tout, notre propre intérêt, il est l'intérêt de tous, l'intérêt de l'Italie».

La monarchie contient, non moins que le socialisme, l'intérêt élevé et prépondérant de l'Etat, à l'exclusion de tout privilège de classes.

En présence de l'Eglise envahissante, elle représente, en outre de la défense de la moralité sociale, la liberté de la conscience individuelle, l'indépendance de la pensée ; elle garantit les droits de tous les cultes, de toutes les opinions, ainsi que la pleine application de ses facultés individuelles pour le citoyen dans toutes les fonctions essentielles de la vie civile; elle assure la protection des intérêts matériels comme du progrès civil de la nation.

Pour combattre le socialisme de la rue et le cléricalisme obscurantiste, notre monarchie, qui s'incarne avec la conception de la patrie nationale et personnifie en même temps le principe de la liberté individuelle, garantie et non étouffée par l'action de l'Etat, nous donne un idéalisme propre à servir de point de ralliement, de noyau autour duquel nous pourrons nous serrer au moment de la rapide succession des hommes et des groupes au pouvoir et de l'agitation momentanée de leurs passions et de leurs rancunes.

Voulons-nous une Italie cléricale, libérale-modérée, ou radicale-socialiste ?

Bientôt il faudra choisir entre ces trois solutions.

Les éléments libéraux modérés, avec leur *credo* trop individualiste pour la lutte quotidienne, se trouvent dans la situation des corps de volontaires en présence des armées permanentes des partis extrêmes. Ceux-ci, soit grâce à l'organisation ecclésiastique, qui descend jusqu'aux curés de paroisse et possède mille formes d'associations et de confréries, soit au moyen des sociétés ouvrières, de secours mutuel, de production, de consommation, trop souvent avec le concours des agents du gouvernement et des communes, ont toujours leurs cadres prêts pour une mobilisation de guerre.

Voilà pourquoi on voit souvent les forces des partis libéraux modérés désemparées devant celles, moins nombreuses, mais plus disciplinées, de leurs adversaires.

Dans ces conditions, diviser normalement et sérieusement le parti libéral modéré en deux fractions qui, se combattant entre elles, s'affaiblissent réciproquement et s'annulent, équivaut à le mettre dans l'impossibilité non seulement de combattre contre les deux autres masses réunies, mais encore d'avoir un avis prédominant en cas d'accord ou de transaction avec l'un ou l'autre parti.

Nous sommes, même isolés, les plus forts et les plus nombreux, ou, pour mieux dire, nous le serions si nous savions rester unis et nous organiser; si nous savions nous placer en présence de la réalité des choses et non pas nous borner à nous repaître de théories stéréotypées prises dans les livres étrangers; si nous savions mettre de côté les discordes et les divisions personnelles et nous serrer compacts autour de la grande idée civile libérale représentée par la monarchie italienne de la maison de Savoie, si nous savions secouer l'inertie qui nous paralyse, le défaut de foi et de courage moral; si nous savions être encore sincères dans l'expression de notre volonté et virilement résolus à la faire triompher.

Je voudrais que ma voix pût rallier tous les hommes de bonne volonté, libéraux et conservateurs, pour l'organisation d'un grand parti qui, en vue de combattre efficacement le socialisme et le cléricalisme, se donne comme programme immédiat la délimitation des attributions des divers pouvoirs de l'Etat et le développement des prérogatives de la Couronne, en lui restituant les droits inscrits dans le pacte fondamental approuvé par les plébiscites qui ont constitué le royaume d'Italie.

Je n'entends nullement pousser à aucun césarisme ou gouvernement autocratique sans frein ou sans contrôle, ni à aucune forme de despotisme ou de gouvernement absolu.

Nous voulons la monarchie libérale et représentative du Statut, avec un monarque effectif et actif, qui n'ait pas les mains liées et ne soit pas placé sous la surveillance d'un «maire du palais» appelé président du conseil.

La Chambre élective et le Sénat à vie doivent activement coopérer à la législation et, en outre, toujours contrôler les actes et la direction du gouvernement au moyen soit de leur action sur les ministres, soit en amendant les projets de loi et les budgets qu'on leur présente. Mais ils ne doivent pas exercer, ni directement, ni par des délégués, le pouvoir exécutif, qui est de la compétence exclusive du Prince. Celui-ci, d'ailleurs, comme tout pouvoir ou toute personne, est soumis à la loi, à la confection de laquelle il travaille aussi, avec droit de proposition et droit de sanction.

Je n'ai pas entendu, dans cet écrit, faire allusion ou accuser le ministère présent, pas plus qu'adresser des reproches aux ministères passés. J'ai entendu relever et analyser une transformation qui s'est développée dans nos institutions et qui me semble avoir été une des principales causes de leur décadence, transfor-

mation qui trouve son expression dans la formule
«le Roi règne et ne gouverne pas» et est en flagrante
contradiction avec ce que le Statut veut et ce que la
nation attend pour la conservation des institutions
libres en Italie.

Un Député.

VI

UNE OPINION

RÉFLEXIONS SUR LA SITUATION ACTUELLE DU PAYS

M. N. Kretzulesco, ancien président du conseil, président de l'Académie roumaine, a publié en 1891 une brochure intitulée: *Réflexions sur la situation actuelle du Pays*, dans laquelle il s'attache à prouver qu'il n'existe aucune différence réelle entre nos partis politiques et qu'ils n'ont aucune raison d'être.

Voici quelques extraits du travail de l'académicien octogénaire:

Ce qui existe chez nous, ce sont des groupes avec un ou deux conducteurs à leur tête. Mais, nous devons le constater avec douleur, quelques-uns de ces groupes luttent non pas pour des idées, mais bien pour le pouvoir. Quand un de ces groupes arrive à la tête des affaires, par tous les moyens, du reste, on se demande ce qu'il signifie et l'on ne comprend pas pourquoi l'un est tombé et un autre a pris sa place. En réalité, il n'y a qu'un changement de personnes sur le banc des ministres, suivi d'un changement de fonctionnaires grands et petits.

J'ai entendu dire souvent que si nous n'avions pas deux partis qui se succèdent au gouvernail de l'Etat, il faudrait les créer à tout prix. Mais comment les créer? A moins d'imiter le khédive d'Egypte, qui, ayant institué, dans l'année 1869-1870, une Chambre, a obligé les députés, les uns à choisir leurs places à droite et les autres à gauche, en leur indiquant le rôle qui leur incombait, afin d'avoir ainsi une majorité et une opposition.

Il résulte de ce que nous venons de dire que des partis politiques n'existent pas, dans notre situation actuelle, qu'on ne saurait les créer, car ils doivent résulter d'un ensemble de principes. Il serait donc à désirer que le pays ne se laissât plus indéfiniment duper avec de prétendues formes constitutionnelles, qui n'ont presque jamais d'autre but que de cacher des ambitions et des haines personnelles. Il faut que la confiance aille aux hommes qui, par leurs études, leur passé et leurs actes, ont fait preuve de capacité, d'honorabilité et de foi.

Cela ne veut pas dire que, en l'absence de partis, les mêmes hommes se perpétueront au pouvoir. Les erreurs ne peuvent pas toujours être évitées et toutes les difficultés surmontées; de là un changement naturel d'hommes à la tête des affaires, mais un changement qui s'opérerait sans secousses.

La situation aujourd'hui est très obscurcie. Nos institutions fondamentales se discréditent de plus en plus; les luttes des partis sèment dans la société une haine implacable et la jeunesse, au lieu de diriger ses efforts vers des travaux sérieux, est aussi entraînée dans ce tourbillon... Au milieu de cette situation anormale qui découle de la lutte pour le pouvoir, le public, désintéressé dans ces querelles, les contemple avec peine, ne comprend plus rien et tombe dans le scepticisme.

M. N. Kretzulesco fait, en terminant, un chaleureux appel à tous nos hommes politiques, en les conjurant de mettre un terme à ces luttes intestines, fatales aux peuples.

VII

AU SÉNAT

Séance du 26 Janvier (10 Février) 1897

(*Moniteur* du 5 février 1897)

Notre étude a été portée devant le Sénat. C'est
M. Nicolas Ionesco, ancien ministre des affaires étrangères, qui nous a fait avoir ainsi les honneurs du *Moniteur officiel*. Nous l'en remercions.

On discutait, à la Chambre haute, la loi des pensions
communales et districtuelles. L'honorable sénateur a
demandé l'ajournement de la discussion et a justifié
sa proposition en ces termes:

Laissons les contes de côté lorsqu'il est question de
l'institution la plus jeune de l'Orient du continent civi-
lisé, je veux dire de la Constitution de la Roumanie libre
et indépendante.

J'ai pris la liberté de proposer l'ajournement du projet
à la session d'automne et je vais vous dire d'abord ma
pensée et ma préoccupation.

Depuis une semaine, j'ai vu que, dans un journal qui
paraît chez nous en français, il a été ouvert une vive
campagne, campagne audacieuse, contre notre parlementarisme! Si l'on avait signalé seulement nos défauts et nos la-
cunes parlementaires, je n'y aurais pas fait attention. Mais
on attaque la Constitution en vigueur même et l'on demande le texte de la Convention de Paris de 1858 comme
base de notre organisation.

Dans cette campagne dirigée contre notre Constitution de 1866 et contre notre parlementarisme, il y a, je le répète, une grande audace et nous ne pouvons pas ne pas protester en présence de ces attaques et de ces provocations.

Puisqu'il est question d'un organe de la presse, je suis obligé de parler avec tout le respect qu'on doit à ce pouvoir suprême quand il est l'expression libre de la volonté publique.

Mais, messieurs, du moment que la presse est habituée à toucher à tout, même aux principales questions de forme, de procédure, de liturgie constitutionnelle, si je puis m'exprimer ainsi, il nous faut nous demander avant tout: Sommes-vous d'accord avec l'opinion publique, y a-t-il dans cette opinion un courant qui demande une solution immédiate de la question des pensions à accorder aux fonctionnaires communaux et districtuels en mettant de côté des questions et des lois plus importantes qui priment celle-ci?...

Je m'attendais à ce que M. le ministre, dont je connais les sentiments, vînt, avec le courrage que lui donnent ses convictions libérales, nous présenter une loi relative à la décentralisation administrative de l'autonomie communale...

DÉCLARATION DE M. V. LASCAR, MINISTRE DE L'INTÉRIEUR

Messieurs les sénateurs, M. Ionesco préoccupé de la campagne commencée par M. Georges Em. Lahovary, dans son journal l'*Indépendance Roumaine*, contre la Constitution, vous demande d'ajourner la discussion de cette loi afin de vous occuper de lois se rattachant plus directement à la Constitution et qui, une fois votées, la préserveraient du péril qui la menace aujourd'hui. Je prie M. Ionesco de se rassurer. Le fait par un seul membre du parti conservateur de demander la restriction de nos libertés et de nos droits civiques ne doit alarmer personne. C'est une voix isolée, qui, j'en suis convaincu, prêche dans le désert. (Applaudissements).

La meilleure preuve en est que, pour commencer cette campagne, il a dû se retirer du Comité du parti conservateur dans lequel il figurait.

Mais si la campagne commencée par M. Lahovary gagnait du terrain et menaçait de devenir un danger pour la Constitution, alors, je vous prie, messieurs, de croire que nous saurions faire notre devoir. Nous la défendrons avec chaleur sur ce banc. Quand nous ne serons plus ici, nous nous mêlerons dans vos rangs pour la défendre et si les portes du Parlement nous sont fermées, nous ferons notre devoir comme citoyen hors du Parlement: (Applaudissements prolongés).

Vous pouvez être tranquilles sous ce rapport; vous nous trouverez toujours à côté de vous. (Applaudissements).

Nous sommes, messieurs, des partisans convaincus de la Constitution actuelle, car, grâce à l'organisation des pouvoir de l'Etat qu'elle nous a donnée, le pays, dans un intervalle de trente ans, sous la direction de notre sage et vaillant Roi, a accompli des actes qui formeront toujours une des plus brillantes pages de l'histoire de la race roumaine. (Applaudissements prolongés).

Nous sommes des partisans convaincus de la Constitution parce que, telle qu'elle est conçue, elle répond entièrement aux intérêts actuels de l'Etat roumain. (Applaudissements).

VIII

DÉCLARATION DU PARTI CONSERVATEUR

Le *Timpul* du 25 janvier et l'*Epoca* du 26 janvier 1897 reproduisent la lettre à M. Lascar Catargi publiée en tête de ce volume, et la font suivre de la déclaration suivante:

Comme nos lecteurs peuvent le voir, M. Georges Em. Lahovary s'est retiré du Comité du parti conservateur pour conserver une indépendance absolue en ce qui concerne une modification qu'il veut proposer à notre Constitution.

Il va sans dire que ces propositions n'engagent en rien la façon de voir du parti conservateur, d'autant moins que M. Lahovary ne les a même pas apportées dans la discussion du Comité avant de se retirer.

IX

APPRÉCIATIONS DE LA PRESSE ROUMAINE

La Presse roumaine s'est occupée, plusieurs semaines durant, de la campagne commencée par l'*Indépendance Roumaine* au sujet de la fiction parlementaire. C'était un luxe d'informations fantaisistes sur les origines de cette campagne et un déluge d'injures à notre adresse. Les journaux qui ne tombèrent pas dans la trivialité et la calomnie se bornaient à des déclarations solennelles désapprouvant notre attitude. Mais nulle part, dans aucun journal, il ne nous a été donné de trouver une discussion sérieuse d'une question qui a soulevé des polémiques savantes dans presque tous les pays parlementaires.

Il nous est impossible de tout reproduire. Nous citerons au hasard des passages qui témoigneront du niveau peu élevé de la presse roumaine en l'an 1897.

Sous le titre «*La campagne de l'Indépendance*», s'étalant sur toute la page, le *Libéralul*, journal libéral, s'exprimait ainsi le 25 janvier :

La gazette au bureau postal — selon l'expression de la petite feuille junimiste de Iassi — nous annonce que, ayant commencé de bonne foi et sans passion une campagne qu'elle croit utile au pays et d'une portée plus haute que la polémique de tous les jours, son directeur s'est retiré du Comité exécutif du parti conservateur.

...Nous n'entrons pas, pour le moment, dans la discussion des idées de l'*Indépendance*...

Les conducteurs du parti conservateur se contentent d'approuver en silence la campagne que l'on mène contre nos libertés constitutionnelles; ils l'encouragent en sous-main, dans l'espoir que l'opinion publique se laissera tromper et finira par croire à la nécessité d'une révision dans un sens réactionnaire de notre pacte fondamental, précisément à un moment où les revendications démocratiques se font entendre et où les couches sociales réclament le droit à la vie publique. Dans tous les cas, de la campagne qui se poursuit contre les libertés constitutionnelles se dégage un enseignement suggestif pour ceux qui se font encore illusion sur l'esprit démocratique des conservateurs.

Le 8 février, le *Liberalul* écrivait encore, sous le titre: *Une vaine campagne:*

M. Georges Em. Lahovary doit s'étonner lui-même de l'émotion qu'a produite, par-ci, par-là, la série d'articles qui, depuis sa démission du Comité exécutif du parti conservateur, paraît dans l'*Indépendance Roumaine* sous le titre abstrait et métaphysique: *Histoire d'une Fiction*.

Il ne s'attendait certes pas à ce que ces articles, dont le but évident était de masquer une démission forcée et imposée, gagneraient par eux-mêmes une importance quelconque et devinssent l'objet de la profonde préoccupation d'une presse prête à s'alarmer ou, plutôt, à alarmer ses lecteurs, par des périls imaginaires.

Cette émotion causée dans certains cercles à la conscience politique insuffisamment développée est, nous devons le reconnaître, un succès pour M. Georges Em. Lahovary, succès quelque peu partiel et facile, mais d'autant plus grand qu'il n'était point attendu. Ce n'est pas chose aisée, en effet, que de voir prendre au sérieux une rodomontade destinée à couvrir une fâcheuse mésaventure...

S'alarme qui veut de la campagne anti-constitutionnelle de l'*Indépendance*, quant à nous, nous n'en concevons aucune inquiétude.

La *Dreptatea*, organe des soi-disant libéraux démocrates groupés autour de M. N. Fleva, consacre le premier jour presque toute sa première page à la **campagne contre la Constitution** de *l'Indépendance Roumaine*.

Nous extrayons les passages suivants d'un article intitulé: *Un cas pathologique.*

Quelque chose de très comique vient d'arriver: le journal l'*Indépendance Roumaine* a pris la décision de déchirer la Constitution et de la remplacer par le tzarisme.

Cette décision du journal franco-russe a produit une grande sensation dans le monde des bals masqués et des théâtres de variétés avariés.

Quant à nous, elle nous laisse indifférents....

Ce système, préconisé par la jeunesse réactionnaire, est d'un simplisme sans égal. Mais il a, d'après nous, un défaut initial: c'est celui de nous obliger à supposer que M. G. Em. Lahovary est plus entendu que l'Europe tout entière...... En Europe, la Russie et la Turquie seules conservent encore la noble institution monarchique absolue, compliquée du droit divin et d'autres hérésies plus ou moins ridicules et idéalisées par là.

Espérons que personne n'osera glisser sur cette pente et que M. Georges Em. Lahovary restera seul dans son *hall*, songeant sans cesse et sans profit au knout de Duhamel.

Dans des articles ultérieurs, le fond de la discussion dans la *Dreptatea* est le même, le ton un peu plus trivial.

La *Lumea nouă*, du 25 janvier, organe socialiste, dénonce notre campagne sous le titre **Le Roi et le Coup d'Etat**, qui s'étale en lettres d'affiche sur toute la première page.

Ce journal explique, avec un imperturbable sérieux et en assurant ses lecteurs de l'absolue authenticité de ses informations, que le Roi Charles a chargé le directeur de l'*Indépendance Roumaine* de commencer une campagne réactionnaire destinée à paralyser «le mouvement qui s'est dessiné dans le pays en faveur d'une révision démocratique de la Constitution». La feuille socialiste, se rappelant que dans la question du métropolitain Ghenadie on s'est arrêté à la solution qu'avait préconisée l'*Indépendance Roumaine*, ne doute pas que les appréciations de M. G. Em. Lahovary sur le résultat décevant de la politique parlementaire ne soient inspirées par S. M. le Roi.

La *Lumea nouă* met le comble à ces renseignements hautement fantaisistes en affirmant que l'auteur des articles publiés sous le titre *Histoire d'une Fiction* n'est autre que le secrétaire du Roi, qui prend ses inspirations auprès d'un grand personnage de la Cour (que la dite feuille nomme, d'ailleurs).

Puis elle ajoute:

Au moment où la Roumanie se débat dans une crise ministérielle à jet continu, apparaît à l'horizon une politique qui met en jeu l'existence de toutes les libertés et des institutions que nous avons obtenues, il y a trente ans, au prix de tant de sacrifices.

Le moment est venu pour la démocratie d'entreprendre sérieusement la lutte.

Et plus loin:

La *Lumea nouă* accomplit un grand devoir en faisant appel à tous les organes et à tous les éléments démocratiques de la capitale et du pays pour les engager à suivre de près l'odieuse campagne entreprise par l'organe de la réaction, des *ciocoï* (aristocrates dégénérés), l'*Indépendance Roumaine*, dans le but de supprimer le régime parlementaire et toutes les libertés constitutionnelles.

Il faut que les *ciocoï* et le Roi des *ciocoï* comprennent que l'on ne peut parler en Roumanie de la suppression des libertés existantes sans soulever une tempête de protestations d'un bout à l'autre du pays.

Dans les articles ultérieurs, signés «Un homme du peuple», la *Lumea nouă* est longuement revenue sur notre étude, mais il est inutile de citer encore. Les citations que nous venons de faire sont suffisantes pour nous édifier sur l'argumentation de ce journal.

L'*Adevĕrul*, organe démocratique, socialiste, républicain et partisan d'une dynastie indigène à la fois, nous a consacré de nombreux articles. Il est utile de rappeler que le directeur de ce journal est un anti-dynastique intransigeant. Préfet de police de Bucarest en 1866, il n'apprit le détrônement du prince Couza que par la proclamation de la lieutenance princière. Il est resté couziste depuis. Le propriétaire de l'*Adevĕrul* est un républicain-socialiste dissident. Enfin, son rédacteur en chef est un ancien socialiste, aujourd'hui membre du club conservateur depuis la fusion du groupe radical avec le parti conservateur.

On retrouve dans la critique à laquelle ce journal s'est livré au sujet de notre campagne la variété de vues que nous venons de signaler. Voici, au hasard, un article intitulé: *La Gazette de Carol* et signé par le propriétaire de l'*Adevĕrul*. Citons-en quelques passages:

...Le Roi Charles a éprouvé le besoin de se payer le luxe d'une gazette — et quel journal pouvait mieux remplir ce rôle que le journal français de la maison qui fait sonner les cloches, appelant un maître [1].

Avez-vous entendu? Avez-vous lu? Vous savez maintetenant ce que vous devez faire, vous tous qui reconnaissez que toutes nos institutions sont un mensonge et qu'il n'y a qu'un seul pouvoir dans l'Etat roumain — le Roi! Avez-vous entendu? Le Souverain qui a tout faussé nous propose de sanctionner son crime. Au lieu de le lui faire expier en réduisant ses prérogatives et en le rendant ainsi inoffensif, il nous propose — ô honte! et soufflet bien mérité pour le peuple roumain! — il nous propose d'abdiquer en présence du fait accompli et de nous atteler à son char de triomphe.

Nous savons ce que Charles demande. Nous dirons demain le devoir qui nous incombe à nous autres.

La *Voinţa Naţionala*, organe officieux du gouvernement libéral, se borne à faire des plaisanteries sur l'effarouchement des journaux que notre campagne a alarmés.

Ah! M. G. Em. Lahovary veut déchirer, écraser, annihiler la Constitution?! *Retro Satanas*! Vous avez compté sans les épées et les plumes de ces chevaliers sans peur et avec reproches!

Voilà Fleva *(Dreptatea)*, voilà Toni, voilà Millu *(Adevĕrul)!* Ils ne vous le permettront point au prix de leur vie même.

Le gant a été relevé... il se trouve en bonnes mains.

[1] Allusion au carillon de l'hôtel de l'*Indépendance Roumaine.*

Le *Constituţionalul,* organe junimiste, s'est borné à faire des allusions à notre campagne sans la discuter.

L'*Era nouă*, autre organe junimiste qui se publie à Iassi, feuille obscure, d'ailleurs, a essayé de provoquer des polémiques personnelles avec nous.

Enfin, le *Romanul* a défendu, mollement, du reste, la mémoire de C. A. Rosetti, le fondateur de l'organe libéral, contre certaines accusations que nous avons dirigées contre lui. Ce journal a, en outre, relevé nos articles, mais ils s'est borné à affirmer que le suffrage universel remédierait à tous les maux signalés par nous.

Comme on le voit, si quelques journaux ont versé beaucoup d'encre, en cette occasion, aucun, on peut l'affirmer, n'a discuté la grave question constitutionnelle que nous avons soulevée.

FIN

TABLE DES MATIÈRES

PRIX : 5 FRANCS